U0862749

主编

官选芸　雷建威　黄家章

执行主编

张　扬　曾祥敏　董辉华　王　静　李文胜

本书撰稿人

陈冰华　陈冰锦　蔡佳峻　岑曦蕾　程筱璇　蔡文映
傅明现　何瑞娟　黄宇莹　刘　琟　黎嘉敏　李　硕
梁伟君　刘伟鸣　李依虹　吕雨晴　李梓琪　莫春英
马　盼　潘乔玮　汤嘉丽　王富鸿　王宇航　许娴炜
谢　扬　谢　玥　杨　雪　叶韵嫦　曾文慧　周文洁
张小兰

LAWSONS
LAWSONS LAW OFFICE
广东诺臣律师事务所

全国“八五”普法
推荐用书

民法典新规则全知道

—— 美好生活·民法典相伴 ——

广东诺臣律师事务所 编著

中国法制出版社
CHINA LEGAL PUBLISHING HOUSE

序言

PREFACE

《民法典》是新中国成立以来第一部以“典”命名的法律，是一部固本致远的基础性法律，是党的十八届四中全会以来全面推进依法治国的重大成果。编纂《民法典》是贯彻习近平法治思想的一次生动实践。《民法典》对于全面提升国家治理能力和治理体系的现代化、全面推进依法治国、实现人民对良法善治的美好期待具有重要意义。

《民法典》作为一部以“民”命名的法典，坚持了以人民为中心的理念,以保障私权为立法目的和基本理念。它不仅全面保护财产权、人身权、人格权，而且为全面保护私权提供了各种保障和救济机制。《民法典》是“民事权利的宣言书”，是市场经济的基本法，是社会生活的百科全书，是经世济民和治国理政的重器。它积极回应了互联网、大数据和高科技爆炸时代的要求，充分彰显了时代特色。迈进“民法典时代”，我们对中国法治建设的美好明天充满信心，对实现中华民族的伟大复兴和实现人民的美好幸福生活充满期待!

随着《民法典》的颁布，我国民商事法律规范体系已经基本形成，大规模创设民法规则的时代已经结束，在今后相当长的时间内，如何理解好、贯彻好、实施好《民法典》，使这部法典从“纸面上的法律”变为“行动中的法律”，使《民法典》所形成的制度优势转化为治理效能，将是法治建设的重要任务。

律师群体是社会主义法治事业的参与者，是社会主义法治事业的重要力量。“律师兴则国家兴”，律师群体是民商事纠纷解决的重要参与者,律师群体准确理解《民法典》、科学运用《民法典》,是《民法典》能够准确适用的重要环节。律师通过服务大众，对《民法典》规则的感受最直接，其体会也最接地气。习近平总书记将《民法典》的特色概括为中国特色、实践特色和时代特色，《民法典》无论是从具体的规则内容还是宏观的体系设计，都较好地诠释了这三个特色。以案例解析的方式，贴近老百姓日常生活遇到的《民法典》问题，把《民法典》这样一部民事权利保障的宣言书送进普通大众的生活，这是律师职业的优势，也是其职责所在。

广东诺臣律师事务所日前编撰完成的《民法典新规则全知道》，是对他们民商事法律业务能力的检阅，也是他们对推广、宣传《民法典》的实际贡献。本书的特点在于：一是以案例分析的形式，从人们日常生活的视角，对《民法典》的一些热点问题及创新规则进行解读与宣传，让人耳目一新。全书案例均为真实事件改编，是老百姓经常遇到的问题。二是强调了“新”，本书的内容重点讲解《民法典》中的新规定。三是书中除了律师对案件的法律点评外，还写有“生活小贴士”一栏，将法律知识融入生活，提示老百姓防范生活中的法律风险。

古人说：“天下之事，不难于立法，而难于法之必行。”良法需要善治，期盼更多的法律人能积极宣传、普及，使《民法典》真正走到群众身边、走进群众心里。宣传好、普及好、实施好《民法典》，功在当代，利在千秋。

是为序。

中国人民大学一级教授、中国法学会民法学研究会会长

王利明

二〇二一年十二月于北京

目录
CONTENTS

第一章

日常生活

第二章

婚姻与继承

第三章

合同管理

第四章 房产与居住

第五章

特殊保护

第一章

日常生活

第一节　交通出行

1. 车票丢失了，可以免费补办吗？

暑假到了，李梅在客运站的小程序上通过身份证号实名订购了两张大巴车票，带着孩子坐上了去往长沙的大巴车。几个小时后，大巴车开到了终点客运站。出站时，旅客们一个个按顺序排队出站检票，到李梅检票时，她在包里掏了半天，才发现自己匆忙塞进口袋里的车票丢失了。

由于李梅手上没有车票，客运站的工作人员告知李梅这种情形属于无票乘车，必须全额补交车费才予以放行。无奈之下，李梅只好向工作人员出具了自己在小程序上订票的信息及身份证，要求车站核实后放行。客运站工作人员在核查之后确认了李梅的身份，同意李梅出站，但要求李梅必须先支付车票总额的20%作为手续费补办车票后才能放行。李梅非常气愤，认为自己已经花钱购买了车票，不应再重复支付任何费用，客运站应该免费为她补办车票。两方争执不下，碍于无法检票出站，李梅不得已缴纳了补票手续费。

出站之后，李梅决定拨打12328交通运输服务监督电话进行维权。那么，电子客票不能等同纸质发票吗？为什么纸质发票丢失还要交钱补办？

律师说法

《民法典》第 814 条规定，客运合同自承运人向旅客出具客票时成立，也就是说旅客持有的车票是其与承运人之间存在客运合同的证明。虽然如今电子客票与纸质客票具有同等效力，但在线下购票或需要报销凭证等情况下，有的旅客还是需要换取纸质车票。

在车票实名制推行之前，车站很难对“票、人、证一致”进行核实，旅客因丢失车票被要求再次支付票款或者缴纳高额手续费补票的事件并不鲜见，而现在乘坐大巴车、高铁等交通工具，早已实施车票实名制。基于此，如果实名制客运合同的旅客丢失客票，承运人完全可以通过旅客的身份信息、购票信息和乘车信息确认旅客身份。

案例中的李梅是通过身份证号实名订购的大巴车票，车票丢失后，她可以凭借电子购票信息及自己的身份证，请求客运公司免费挂失补办，客运站在确认李梅的真实身份后，也应当为其办理挂失补办手续，不得向李梅再次收取票款和高额手续费。

生活小贴士

现在大部分旅客都是通过网络订购车票，在手机上可以查验到购票信息，在遇到纸质车票丢失的情况时，旅客需要及时联系车站工作人员并提供购票信息、身份证等材料进行挂失补办。若车站工作人员要求旅客重复支付票款或其他不合理费用时，乘客应当拒绝或向交通运输服务监督电话投诉。

除此之外，旅客应当妥善保管纸质车票，如无需报销凭证或其他特殊原因，可以考虑不换取纸质车票，直接使用电子客票或持身份证刷卡进站，从而减少因纸质车票丢失带来的麻烦。

法律直通车

《中华人民共和国民法典》

第八百一十四条 客运合同自承运人向旅客出具客票时成立，但是当事人另有约定或者另有交易习惯的除外。

第八百一十五条 旅客应当按照有效客票记载的时间、班次和座位号乘坐。旅客无票乘坐、超程乘坐、越级乘坐或者持不符合减价条件的优惠客票乘坐的，应当补交票款，承运人可以按照规定加收票款；旅客不支付票款的，承运人可以拒绝运输。

实名制客运合同的旅客丢失客票的，可以请求承运人挂失补办，承运人不得再次收取票款和其他不合理费用。

《道路旅客运输及客运站管理规定》

第三十八条第二款、第三款 实行实名制管理的，购票人购票时应当提供有效身份证件原件，并由售票人在客票上记载旅客的身份信息。通过网络、电话等方式实名购票的，购票人应当提供有效的身份证件信息，并在取票时提供有效身份证件原件。

旅客遗失客票的，经核实其身份信息后，售票人应当免费为其补办客票。

2. 高铁遇到“霸座者”，怎么办？

近日，莉莉购买了一张从广州到深圳的高铁一等座车票。到了车票出发时间，莉莉上车后发现原本属于自己的座位上稳坐着一位彪形大汉，她便礼貌地提醒了对方这是属于她的座位，但大汉视若无睹。见状，莉莉轻轻地拍了拍大汉的肩膀提醒其让座。大汉却对着莉莉大喝道："你凭什么拍我？这是我的座位,我不让！"莉莉与大汉反复沟通后无果,发生激烈争吵。

此时列车员过来询问情况后要求莉莉和大汉出示车票查验，发现大汉车票上记载的有效日期是昨天，而且没有办理任何退改签手续，于是列车员要求大汉离开莉莉的座位并补交票款。但大汉仍以其已购票为由拒绝让座。

那么，大汉持有的车票是否还有效呢？他有无权利拒绝让座呢？

律师说法

"霸座"，顾名思义，是指霸占属于别人的座位。在《民法典》出台前，数起"高铁霸座男""霸座女"事件引发大众谴责，虽然《合同法》（于 2020 年 12 月 31 日失效）第 294 条已经规定了旅客负有持有效客票乘运的义务，但为进一步规范旅客的搭乘行为,《民法典》第 815 条进一步细化了旅客的义务——旅客应当按照有效客票记载的时间、班次和座位号乘坐，明确了"霸座"行为属于违约行为,"对号入座"不再位于道德义务和法律义务中间的模糊地带，而是直接定性为"法律强制性义务"。

实际上，承运人向旅客发放的纸质客票或者电子客票本质上均是其与旅客签订的运输合同。本案中，莉莉与铁路局集团有限公司（以下简称铁路集团）也存在运输合同关系，有权要求铁路集团向她提供客票上指定的座位，而铁路集团也应当履行提供指定座位的义务。

"霸座者"存在两种违法情形。其一，大汉与铁路集团的运输合同成立且约束双方，客票上已经明确指定大汉的座位号，在运输过程中，大汉有权使用的座位只能是铁路集团为其锁定的座位。因此大汉的"霸座”“抢座”行为均违反了与铁路集团订立的运输合同的约定。如果经承运人劝阻仍不知悔改的，旅客的“霸座”行为将构成根本性违约，承运人有权单方解除双方运输合同，即有权拒绝运输“霸座者”。其二，大汉购买的车票上记载的日期和车次均是昨天的，在大汉错过昨天班车且迟迟不按规定办理退改签手续时，其持有的车票在昨天已经失效。大汉持过期车票上车的行为属无票乘坐的情形，此时他与铁路集团不存在运输合同关系，应当及时向铁路集团补交票款，铁路集团还可按规定采取加收票款等惩罚措施。若大汉拒不补交票款的，铁路集团没有运输大汉的义务。

生活小贴士

旅客出行应自觉遵守相关法律法规，文明乘车、安全出行，拒做“霸座者”。

倘若旅客不幸遭遇无理“霸座者”，为避免自身受到伤害，建议主动寻求列车员帮助协调座位。“霸座者”仍拒不让座的，旅客应增强法治和证据意识，留存证据，事后追究侵犯其座位使用权者的民事赔偿责任。

具有“扰乱铁路站车运输秩序且危及铁路安全、造成严重社会不良影响”行为的“霸座者”，并非面临简单“被赶下车”等民事责任，还可能被相关主体依法采取以下惩罚措施：

（1）铁路集团依据《关于在一定期限内适当限制特定严重失信人乘坐火车推动社会信用体系建设的意见》及《限制铁路旅客运输领域严重失信人购买车票管理办法》认定“霸座者”存在失信行为，并将其纳入惩戒名单，采取限制 180 天购买车票、乘坐火车的强制措施。

（2）铁路公安局可依据《治安管理处罚法》对“霸座者”采取罚款、拘留等行政处罚措施，乃至追究刑事责任。

法律直通车

《中华人民共和国民法典》

第八百一十五条 旅客应当按照有效客票记载的时间、班次和座位号乘坐。旅客无票乘坐、超程乘坐、越级乘坐或者持不符合减价条件的优惠客票乘坐的，应当补交票款，承运人可以按照规定加收票款；旅客不支付票款的，承运人可以拒绝运输。

实名制客运合同的旅客丢失客票的，可以请求承运人挂失补办，承运人不得再次收取票款和其他不合理费用。

第八百一十六条 旅客因自己的原因不能按照客票记载的时间乘坐的，应当在约定的期限内办理退票或者变更手续；逾期办理的，承运人可以不退票款，并不再承担运输义务。

3. 好心提供“顺风车”，也要承担交通事故赔偿责任吗？

春节将至，在广州做茶叶生意的老林准备自驾回福建老家过年。出发前几日，在广州务工的初中同学老王找到老林，说抢不到回福建老家的火车票，想搭老林的顺风车一起回家过年，老林念在同学一场，同意捎老王一程。

正月二十六，老林载着太太和老王一同从广州出发开车回福建。尽管车辆较多，所幸高速公路上还能按正常速度行驶，老林一边与老王忆往昔，一边驱车往家赶，说笑间，开在老林前面的一辆货车缓缓停下，驾驶座上的老林因与老王谈话，注意力不集中，没有及时降速，刹车不及时撞上了前面的货车。坐在驾驶座的老林和副驾驶的林太太因为扣着安全带，并无大碍，然而后座的老王因为没有扣安全带，车辆碰撞时从座位摔出，当场昏迷被送进医院。经检查，老王因遭受猛烈撞击造成脑震荡，腰椎处也有撞伤，需要住院两周，出院后还需卧床休养3个月。

交警出具的《道路交通事故责任认定书》载明，老林因为在驾驶过程中与同乘人员交谈，没有专心驾驶，刹车不及，对事故承担100%的责任。老王认为，老林作为事故全责方，应该向其支付所有医疗费和误工费，但老林觉得他好心让老王搭便车，也是老王跟他说话分散他的注意力导致车辆追尾损失，老王受伤的后果也与其自身不扣安全带有关，老王应该自担风险，于是老林拒绝承担赔偿责任。

那么，老王免费搭顺风车遭遇事故后，可以向驾驶者老林索赔吗？

律师说法

在日常生活中，许多有车人士乐于免费搭载顺路的同事、朋友一程，搭乘发生交通事故造成损害时，无偿性的友情行为能否成为减轻损害责任的事由历来具有争议，对此，《民法典》特新增了相应条款予以规定。

好意搭乘属于情谊行为。情谊行为是指为增进与他人间的情谊而作出的利他行为，如好意搭乘是为他人无偿提供搭乘帮助的行为，其特征在于不以营利为目的，不追求报酬，旨在社会活动中的互帮互助，应当予以肯定与倡导。

《民法典》规定，在好意搭乘中发生侵权行为，造成搭乘者人身或财产损害的，提供搭乘的机动车使用人的责任认定适用一般的过错原则，即需要证明驾驶人在主观上存在故意或过失的心态，做出了危害的行为，并且因为其危害行为导致了同乘者受到损害，若驾驶人具有过错则应当承担责任。考虑到我国大力提倡和谐的社会环境，好意搭乘是人与人之间互相帮助的行为，有利于建立和谐关系，若在好意搭乘中的侵权责任必须全面赔偿，不符合我国的社会主义核心价值观，故在《民法典》第1217条规定了机动车责任方可以减轻责任。

本案中，尽管老林在驾驶机动车时注意力不集中导致追尾事故，主观上存在过失，但老王的干扰及其自身没有扣安全带的行为对损害后果也有一部分的责任，老林作为好意提供无偿搭乘的机动车使用人，应当减轻其责任。

生活小贴士

尽管《民法典》规定机动车使用人的赔偿责任应当减轻，但并未明确规定具体的减轻范围及标准，故在实践中是由法官根据自由裁量权认定个案的具体责任范围。

好心搭载别人时，要提醒乘车人注意遵守交通规则，扣好安全带等，避免事故发生时的二次伤害。

目前市场上保险种类繁多，若有经常搭载别人的情况，司机可以通过购买对应的商业保险，以转嫁自身可能存在的风险。

法律直通车

《中华人民共和国民法典》

第一千二百一十七条 非营运机动车发生交通事故造成无偿搭乘人损害，属于该机动车一方责任的，应当减轻其赔偿责任，但是机动车使用人有故意或者重大过失的除外。

第八百二十三条 承运人应当对运输过程中旅客的伤亡承担赔偿责任；但是，伤亡是旅客自身健康原因造成的或者承运人证明伤亡是旅客故意、重大过失造成的除外。

前款规定适用于按照规定免票、持优待票或者经承运人许可搭乘的无票旅客。

4. 航班因大雨延误，能够要求航空公司赔偿吗？

2021 年 5 月 18 日是张先生女儿的 8 岁生日，当月 17 日，在北京出差的张先生一结束工作就在某航空公司预订了次日 12:20 从北京飞往广州的机票，预计到达广州的时间为 15:50，希望能按时到家为女儿庆祝。

航班起飞当日，张先生提前两小时到机场值机等待航班起飞。起飞前半小时，广州当地发布雷暴预警，所有前往广州的航班一律延误，张先生只能在北京机场的候机大厅苦苦等待。直至 20:00，雷暴预警解除，飞机才得以成功起飞。张先生在广州机场降落时已然是次日凌晨，匆忙赶回家的他发现女儿早已熟睡，张先生感到万分遗憾。张先生认为，航空公司没有在预定的时间将他送至目的地，应当承担违约责任，并向他赔偿因航班延误而无法陪伴女儿过生日的精神损失。

那么，航空公司是否应为航班延误向张先生赔偿损失呢？

律师说法

迟延运输或者出现不正常运输的情形是旅客运输中较为普遍的现象。那么旅客要求承运人承担责任的依据是什么呢？

本案中，在购买机票后，张先生与航空公司之间即成立客运合同关系，航空公司应当按照机票记载的时间、班次和座位号对张先生履行其运输义务，否则就是违反了双方订立的客运合同。张先生有权依据双方间的客运合同向航空公司主张权利。然而需要注意的是，并不是所有的延误都能主张违约赔偿，对于因不可抗力而导致合同无法履行的情况，可以作为双方免责的条件。法律上的不可抗力是指不能预见、不能避免、不能克服的客观情况。包括暴雨、地震等自然因素，也包括军事行动等社会现象。如果由于承运人自身原因迟延运输，如运输工具故障等造成旅客损失的，承运人应当依法承担相应的赔偿责任。

在我们的日常生活中，比较常见的是因不可抗力导致的运输延误，虽然延误不是承运人的原因造成的，但考虑到旅客在突然降临的自然灾害等原因面前被迫停止乘运，即使该原因不是承运人造成的，承运人也应承担一定的责任。根据《民法典》第820条的规定，发生不能正常运输情形时，承运人应当及时告知和提醒旅客，采取必要的安置措施，并根据旅客的要求安排改乘其他班次或者退票；因为承运人自身原因，没有履行必要的安置措施造成旅客损失的，承运人应当承担赔偿责任。

而对于张先生主张因不能及时陪伴女儿过生日产生的精神损失，因为缺乏相关的法律依据，无法得到支持。目前《民法典》对于被侵权人请求精神损害赔偿的情形包括：侵害自然人人格权造成严重精神损害的、侵害自然人人身权益或具有人身意义的特定物造成严重精神损害的。本案中，张先生主张的精神损失不属于可以赔偿精神损害的情形，故其主张无法得到支持。

生活小贴士

旅客在购买机票前，要仔细查阅航空公司提供的《购票须知》等购票指引、提示，明确双方各自的权利和义务，对何种情况下可以要求航空公司赔偿进行初步的了解。

发生延误情况后，要及时向机场或航空公司的人员反馈，要求航空公司为滞留机场的旅客协助提供必要餐食或住处。

因航空公司自身原因造成航班延误的，可以要求航空公司赔偿。一般航空公司会根据不同情况在购票数额的基础上按10%—100%的比例赔付，各个航空公司的赔偿方案和补偿标准各不相同，旅客可以在航空公司官网查阅或要求服务人员告知该航空公司的补偿规则，合理申诉，以保障自身的权益。

法律直通车

《中华人民共和国民法典》

第八百一十四条　客运合同自承运人向旅客出具客票时成立，但是当事人另有约定或者另有交易习惯的除外。

第八百二十条　承运人应当按照有效客票记载的时间、班次和座位号运输旅客。承运人迟延运输或者有其他不能正常运输情形的，应当及时告知和提醒旅客，采取必要的安置措施，并根据旅客的要求安排改乘其他班次或者退票；由此造成旅客损失的，承运人应当承担赔偿责任，但是不可归责于承运人的除外。

第九百九十六条　因当事人一方的违约行为，损害对方人格权并造成严重精神损害，受损害方选择请求其承担违约责任的，不影响受损害方请求精神损害赔偿。

《中华人民共和国铁路法》

第十二条　铁路运输企业应当保证旅客按车票载明的日期、车次乘车，并到达目的站。因铁路运输企业的责任造成旅客不能按车票载明的日期、车次乘车的，铁路运输企业应当按照旅客的要求，退还全部票款或者安排改乘到达相同目的站的其他列车。

《航班正常管理规定》

第二十九条 发生航班出港延误或者取消后，承运人或者地面服务代理人应当按照下列情形为旅客提供食宿服务：

（一）由于机务维护、航班调配、机组等承运人自身原因，造成航班在始发地出港延误或者取消，承运人应当向旅客提供餐食或者住宿等服务。

（二）由于天气、突发事件、空中交通管制、安检以及旅客等非承运人原因，造成航班在始发地出港延误或者取消，承运人应当协助旅客安排餐食和住宿，费用由旅客自理。

（三）国内航班在经停地延误或者取消，无论何种原因，承运人均应当向经停旅客提供餐食或者住宿服务。

（四）国内航班发生备降，无论何种原因，承运人均应当向备降旅客提供餐食或者住宿服务。

5. 车辆被盗后肇事的，如何划分赔偿责任？

某日，阿强驾驶一辆汽车前往朋友家，途中遇肖某驾驶普通二轮摩托车对向行驶，两车相撞，造成肖某重伤，经医院抢救无效死亡，阿强受伤，两车受损。事故发生后，阿强弃车逃逸。

经广州市公安局交通警察大队认定，阿强驾驶灯光不全的机动车上路行驶，左转弯时未让直行的车辆优先通行，且发生事故后弃车逃逸，是造成此次事故的主要原因；肖某驾驶机动车上路未靠右行驶，是造成此次事故的次要原因.认定阿强承担此事故的主要责任，肖某承担此事故的次要责任。随后发现,阿强驾驶的车辆系其朋友阿明在一小区盗窃所得,车辆所有人另有其人。肖某家属向阿强索赔未果，遂诉至法院要求阿强和阿明连带承担此次交通事故造成的损失。

本案中，哪些人需要承担责任呢？承担何种责任呢？

律师说法

《民法典》第1215条规定的内容主要包含三方面。一是延续了《侵权责任法》第52条的规定，盗窃、抢劫或者抢夺的机动车发生交通事故造成损害的，由盗窃人、抢劫人或者抢夺人承担赔偿责任。这样规定主要考虑到：机动车被盗窃、抢劫或抢夺后，机动车所有人丧失了对机动车的运行支配力，而这种支配力的丧失并非所有人主观预料到或者期待的。在机动车被盗抢的情形下，所有人与机动车发生交通事故没有直接的因果关系。

二是新增了盗抢人与机动车使用人分离时的责任主体和责任类型的规定。一般情况下，发生交通事故属于机动车一方责任的，应当由该机动车实际驾驶人承担赔偿责任。但是，为了惩罚盗抢人的违法犯罪行为，避免逃脱法律的制裁,《民法典》第1215条增加了盗抢人需要对使用人的责任承担连带责任的规定。

三是规定了保险人的追偿权。根据《民法典》第1213条的规定，保险人负有先行在保险责任范围内赔付的义务。但是，如果在车辆被盗期间肇事的，保险人可在垫付的抢救费用范围内向交通事故责任人行使追偿权。

那么，在本案中，哪些人需要承担责任呢？承担何种责任呢？

1. 机动车所有人。因该车辆被阿明盗走，已经脱离了所有人的实际控制，而交通事故是发生在车辆被盗走期间，因此机动车所有人无须承担任何责任。

2. 机动车使用人。根据交警大队作出的交通事故责任认定书，机动车使用人阿强对本次事故中的人身及财产损失承担主要责任。

3. 机动车盗抢人。阿强驾驶的车辆系阿明盗窃所得，案涉事故发生时虽由阿强驾驶，但根据《民法典》第 1215 条的规定，阿明需要与阿强对肖某的死亡承担连带赔偿责任。

4. 保险人。如果肇事车辆购买了保险的，肖某的近亲属可以要求先由承保机动车强制保险的保险人在强制保险责任限额范围内予以赔偿；不足部分，由承保机动车商业保险的保险人按照保险合同的约定予以赔偿；仍然不足或者没有投保机动车商业保险的，由侵权责任人阿强和阿明赔偿。

5. 受害者肖某。根据交警大队作出的交通事故责任认定书，肖某存在交通违规行为，在事故中承担次要责任，因此肖某需要自担部分损失。

综上，肖某的近亲属不但可以要求阿强赔偿肖某的大部分医疗费、丧葬费、死亡赔偿金、被扶养人生活费、精神损害抚慰金等，还可以要求盗抢人阿明对属于阿强的责任承担连带责任。

生活小贴士

依据《民法典》第 1215 条规定，机动车在被盗抢期间发生交通事故，导致他人人身或财产遭受损害时，机动车所有人不用承担赔偿责任。因此，为明确车辆被盗抢的时间，以免机动车所有人因无法证明车辆被盗抢而承担莫须有的赔偿责任，建议车辆所有人或管理人在车辆被盗抢后第一时间到公安机关进行报案，留存相关报案记录或证明。

法律直通车

《中华人民共和国民法典》

第一千二百一十三条 机动车发生交通事故造成损害，属于该机动车一方责任的，先由承保机动车强制保险的保险人在强制保险责任限额范围内予以赔偿；不足部分，由承保机动车商业保险的保险人按照保险合同的约定予以赔偿；仍然不足或者没有投保机动车商业保险的，由侵权人赔偿。

第一千二百一十五条 盗窃、抢劫或者抢夺的机动车发生交通事故造成损害的，由盗窃人、抢劫人或者抢夺人承担赔偿责任。盗窃人、抢劫人或者抢夺人与机动车使用人不是同一人，发生交通事故造成损害，属于该机动车一方责任的，由盗窃人、抢劫人或者抢夺人与机动车使用人承担连带责任。

保险人在机动车强制保险责任限额范围内垫付抢救费用的，有权向交通事故责任人追偿。

《机动车交通事故责任强制保险条例》

第二十二条 有下列情形之一的，保险公司在机动车交通事故责任强制保险责任限额范围内垫付抢救费用，并有权向致害人追偿：

（一）驾驶人未取得驾驶资格或者醉酒的；

（二）被保险机动车被盗抢期间肇事的；

（三）被保险人故意制造道路交通事故的。

有前款所列情形之一，发生道路交通事故的，造成受害人的财产损失，保险公司不承担赔偿责任。

第二节 钱财往来

1.“老赖”转移财产怎么治?

2020年1月，赖某向朋友王某表示自己的资金被理财产品套牢，但经营的公司急需资金进行周转，向王某借款500万元，借款期限为半年，并承诺给付年利率10%的利息。王某知道赖某名下有5套房产和名贵汽车2辆，也经营着几家公司，资产应该非常雄厚，于是相信赖某有偿债的能力，因此当天直接将500万元借款打入赖某的账户。

2020年7月，借款到期，但赖某未按期还款并失联。王某发现异常后立即向法院提起诉讼，要求赖某偿还借款和利息。2021年1月，法院判决赖某偿还借款和利息。

判决生效后，王某立即向法院申请强制执行，但是发现赖某名下并无可供执行的财产，并未执行任何款项，且赖某因经营不善和对外担保等原因负债金额已达上亿元，赖某已被法院列入限制高消费名单。

王某随后了解到，赖某早已将名下的房产和汽车过户给了妻子、儿女和亲戚，并且与妻子已协议离婚，并将大部分的财产分配给妻子。但是法院强制执行后，赖某仍与其妻子、儿女居住于原来的豪宅，仍是豪车出行和高档场所消费，王某多次找赖某要求偿还欠款，赖某均置之不理。

王某对赖某的这种老赖行为十分无奈，难道就没办法通过法律途径维护自己的合法权益，去惩治赖某这种失信的行为吗?

律师说法

在本案中，赖某名下的财产足够偿还对王某的欠款，但是其为了逃避对王某等债权人的债务，恶意无偿转让财产、以明显不合理的低价转让财产、通过不合理的离婚财产分割转移名下财产，是典型的“老赖”行为，严重损害了王某等债权人的合法权益。

对于赖某的“老赖”行为，王某真的无可奈何吗？其实不然。根据《民法典》第 538 条、第 539 条，对于赖某无偿处分财产权益和以明显不合理的低价处分财产权益的恶意转移财产行为，王某可向法院提起撤销之诉，要求撤销赖某恶意转移财产的行为，并要求赖某承担行使撤销权的必要费用；撤销恶意转移财产的行为后，赖某可强制执行该被恶意转移的财产，以保障合法权益。

针对越来越多的“老赖”恶意转移财产的不诚信行为，国家也在民事和刑事方面不断加强针对恶意转移财产的治理措施，“老赖”已是无处遁形。

生活小贴士

债权人应及时向法院提起撤销“老赖”恶意转移财产行为的诉讼。根据《民法典》第 541 条，债权人应当在知道或应当知道“老赖”恶意转移财产之日 1 年内行使撤销权；若债权人不知道“老赖”恶意转移财产的行为，也应该在“老赖”转移财产之日起 5 年内行使撤销权；若未在规定的时间内行使撤销权，则债权人将丧失撤销权利。因此遇见“老赖”，债权人应及时查询“老赖”恶意转移财产的线索，并提起撤销之诉。

此外，如果“老赖”在确定其债务的法律文书生效后，仍有“恶意转移财产、严重损害申请执行人的财产权利”的行为，属于有能力执行而拒不执行、通过恶意转移规避强制执行的行为，涉嫌构成拒不执行判决、裁定罪，申请执行人可以提起刑事自诉，追究“老赖”的刑事责任。

法律直通车

《中华人民共和国民法典》

第五百三十八条 债务人以放弃其债权、放弃债权担保、无偿转让财产等方式无偿处分财产权益，或者恶意延长其到期债权的履行期限，影响债权人的债权实现的，债权人可以请求人民法院撤销债务人的行为。

第五百三十九条 债务人以明显不合理的低价转让财产、以明显不合理的高价受让他人财产或者为他人的债务提供担保，影响债权人的债权实现，债务人的相对人知道或者应当知道该情形的，债权人可以请求人民法院撤销债务人的行为。

第五百四十条 撤销权的行使范围以债权人的债权为限。债权人行使撤销权的必要费用，由债务人负担。

第五百四十一条 撤销权自债权人知道或者应当知道撤销事由之日起一年内行使。自债务人的行为发生之日起五年内没有行使撤销权的，该撤销权消灭。

第五百四十二条 债务人影响债权人的债权实现的行为被撤销的，自始没有法律约束力。

《中华人民共和国刑法》

第三百一十三条 对人民法院的判决、裁定有能力执行而拒不执行，情节严重的，处三年以下有期徒刑、拘役或者罚金；情节特别严重的，处三年以上七年以下有期徒刑，并处罚金。

单位犯前款罪的，对单位判处罚金，并对其直接负责的主管人员和其他直接责任人员，依照前款的规定处罚。

2. 如何识别高利贷?

徐某因父亲患病，急用大额资金，经朋友介绍后，找到了当地的放贷“专业户”梁某。徐某于2021年2月1日签署了梁某提供的格式借款合同，约定徐某向梁某借款40万元，借期为自签订合同当日起10个月，月利率4%。谁料不久之后父亲病情恶化，徐某变卖了家里所有值钱的财产用于给父亲治病，经济陷入困顿之中。徐某在支付了3个月利息后，再也无力偿还借款。借款到期后，梁某多次通过威胁、恐吓等方式向徐某催要借款，同时还向法院提起诉讼，要求徐某偿还借款及利息。

案件审理中，法院对借款事实予以了认定。但针对利息部分，法院经审查后发现双方约定的年利率已超过合同成立时一年期贷款市场报价利率3.85%的4倍，据此判令徐某已偿还的超出法律规定的利息部分无效，应折抵本金。

那么，我们应该怎样识别高利贷？约定不明时如何认定利息呢？

律师说法

《民法典》第680条规定：“禁止高利放贷，借款的利率不得违反国家有关规定……”《民法典》将“禁止高利放贷”首次明确写入法条，且将调整对象扩及所有主体间的借款合同，能够从源头上遏制高利贷行为，界定高利贷违法。《最高人民法院关于审理民间借贷案件适用法律若干问题的规定》（2020年第二次修正）第25条也从利率方面限定了高利的红线。

日常生活中的高利贷，总是披着各种合法的外衣出现，为避免误入高利贷的深渊，我们需要对其有个清晰的认识。实际上，高利贷的出现往往伴随以下几个特点：（1）借条的格式化程度高。出借人一般采用格式化借条，内容预先草拟，借条约定内容详细、明确，但出借人、借款人、借款金额、利息等栏目却为空白。（2）突破“熟人网络”，出借人和借款人在借款事项发生时根本不相识。（3）实际出借金额与约定金额不一致；（4）借贷合同成立于2020年8月20日之后，约定的利率超过合同成立时一年期贷款市场报价利率4倍。（5）将年利率转换成日利息进行约定，掩盖高利本质。（6）借新还旧，借款人逾期还款时，需要按小时、分钟计算逾期利息，并将逾期利息计入本金，然后让借款人重新签订借条，用于偿还之前的借款。（7）出借人在出借时预先扣除利息，减少了借款人实际得到的款项，变相地提高了利率。

事实上正如本案提到的徐某一样，借款的发生往往是用于救急或有资金需求，而高利放贷者也正是抓住类似于徐某这种借款人的这种心理，在借款合同中设下各种陷阱。因此，借款人在向他人借款时，需要比对出借人是否符合上述提到的情形，有效识别高利贷，保护自己的合法权益。

关于利息没有约定或约定不明时，需要区分为以下三种情形进行认定：（1）任何主体之间如果未对利息进行约定，都视为没有利息；（2）自然人之间对于利息约定不明的，同样视为没有约定利息；（3）自然人与法人、法人之间对利息约定不明的，应先由双方签订补充协议，对于利息进行明确。如果无法达成补充协议的，则按照当地或者双方间的交易方式、交易习惯、市场利率等因素进行确定，不视为没有利息。

生活小贴士

如果确因自身不谨慎，向他人借入了高利贷，建议参照法官的审理思路，注意保留以下有利证据：（1）双方签订的有关借款事项的合同、借条、借据等债权凭证；（2）收到对方实际转账金额的凭证；（3）还款的银行流水；（4）与对方关于借款事项的微信、短信、语音等沟通记录，并进行公证。

法律直通车

《中华人民共和国民法典》

第六百八十条　禁止高利放贷，借款的利率不得违反国家有关规定。

借款合同对支付利息没有约定的，视为没有利息。

借款合同对支付利息约定不明确，当事人不能达成补充协议的，按照当地或者当事人的交易方式、交易习惯、市场利率等因素确定利息；自然人之间借款的，视为没有利息。

《最高人民法院关于审理民间借贷案件适用法律若干问题的规定》（2020 年第二次修正）

第二十四条　借贷双方没有约定利息，出借人主张支付利息的，人民法院不予支持。

自然人之间借贷对利息约定不明，出借人主张支付利息的，人民法院不予支持。除自然人之间借贷的外，借贷双方对借贷利息约定不明，出借人主张利息的，人民法院应当结合民间借贷合同的内容，并根据当地或者当事人的交易方式、交易习惯、市场报价利率等因素确定利息。

第二十五条 出借人请求借款人按照合同约定利率支付利息的，人民法院应予支持，但是双方约定的利率超过合同成立时一年期贷款市场报价利率四倍的除外。

前款所称“一年期贷款市场报价利率”，是指中国人民银行授权全国银行间同业拆借中心自2019年8月20日起每月发布的一年期贷款市场报价利率。

3.“砍头息”情形下如何计算最终应偿还的本金?

2017年12月31日，刘某因承包村里鱼塘需要，找到了相识多年的朋友孙某，说：“孙哥，我承包了村里的鱼塘，但需要投入大量资金。你能不能借给我100万元，满一年就还你钱。”孙某同意后，双方于次日签订《借款合同》，约定：刘某向孙某借款100万元，月利率2%，借款期限为2018年1月1日至12月31日，孙某通过银行转账的方式支付，刘某在收到借款本金的当天，需提前支付第一个月的利息2万元，并以现金交付的方式支付给孙某。借款合同签订后，刘某于借款当日以现金形式支付给孙某利息2万元，并于每月15日按时支付利息2万元，共计支付5个月利息10万元。后刘某因为经营不善，无力按期偿还借款，孙某遂向法院提起诉讼，要求刘某返还借款本金100万元，并支付借期内未付利息。

法院经审理，最终认定刘某借款当天支付的2万元利息属于砍头息，孙某实际出借金额应为 98 万元，判决刘某返还孙某借款本金 977918.39 元，并以 977918.39 元为基数支付借期内未付利息。

律师说法

《民法典》第 670 条规定："借款的利息不得预先在本金中扣除。利息预先在本金中扣除的，应当按照实际借款数额返还借款并计算利息。"具体到我们实际生活中，"砍头息"一般会存在以下三种情形：（1）出借人在扣除当月利息后，将借款现金给到借款人，但要求借款人签署借款全额（含已扣除当月利息部分）的借条或者借款合同；（2）出借人要求借款人先以现金形式支付当月利息，然后通过银行转账的方式将扣除当月利息后的借款给到借款人，并要求借款人出具借款全额（含已扣除当月利息部分）的借条或者借款合同；（3）出借人以转账方式将款项全额支付给借款人后，随即要求借款人支付当月利息及签署借款全额（含已扣除当月利息部分）的借条或者借款合同。因此，当我们向别人借款时，需要特别注意，出借人实际借给你的钱跟合同约定的是否一致，如果符合上述三种情形之一的话，就属于砍头息，需要及时跟出借人沟通，就借款本金进行最终确认，以免后续产生纠纷。

本案中，在扣除掉砍头息部分后，孙某实际出借本金为 98 万元。根据双方签订的《借款合同》约定，月利率为 2%，即刘某每月应支付利息为 98 万元 × 2%=19600 元。但事实上刘某每月实际支付的利息为 20000 元，在减去每月应付的利息 19600 元后，剩余多支付的 400 元利息应扣除本金，第一个月在抵扣完 400 元本金后，剩余应还本金为 979600 元，依次类推，刘某最后剩余应还本金为 977918.39 元。（具体计算参见下表）

砍头息情形下刘某的剩余本金

付款人	收款人	支付时间	还款金额（元）	计算利息的本金（元）	约定月利率	当月应付利息（元）	偿还本金（元）	剩余本金（元）
刘某	孙某	2018.1.15	20000	980000	2%	19600	400	979600
刘某	孙某	2018.2.15	20000	979600	2%	19592	408	979192
刘某	孙某	2018.3.15	20000	979192	2%	19583.84	416.16	978775.84
刘某	孙某	2018.4.15	20000	978775.84	2%	19575.52	424.48	978351.36
刘某	孙某	2018.5.15	20000	978351.36	2%	19567.03	432.97	977918.39

生活小贴士

如果借款人出借的金额比借款合同约定的借款金额要少，或者以咨询费、服务费、手续费等名目，预先在借款本金中扣除一部分资金当作利息，即为本案所讲的砍头息。在实践中，注意无需归还砍头息，只要按照实际收到的借款金额归还，并以实际借款金额为本金，按照约定的利率支付利息即可。

为避免后续产生纠纷时，因缺少证据材料而败诉，在借款过程中，应注意保存好以下实际借款金额与合同约定不一致的证据材料：借款合同、转账凭证、聊天记录、电话录音等。

法律直通车

《中华人民共和国民法典》

第六百七十条 借款的利息不得预先在本金中扣除。利息预先在本金中扣除的，应当按照实际借款数额返还借款并计算利息。

《最高人民法院关于审理民间借贷案件适用法律若干问题的规定》

第二十六条 借据、收据、欠条等债权凭证载明的借款金额，一般认定为本金。预先在本金中扣除利息的，人民法院应当将实际出借的金额认定为本金。

4. 还款时是“先本后息”还是“先息后本”？

2021 年 1 月 1 日，小姚因创业需要向高中同学小刘借款 100 万元，双方约定借款期限为六个月，月利率为 1%，即利息为 6 万元。若逾期还款，逾期利率为月利率 1.2%。六个月还款期限届至，小姚资金周转困难，尚无力清偿全部债务。7 月 1 日，小姚通过支付宝向小刘指定的银行账户转账 10 万元，同时在备注栏中载明：偿还本金 10 万元。小刘收到小姚的转账后，深感疑惑，遂联系小姚，双方就债务进行核对。

小姚表示，因自己给付能力不足以清偿全部债务，转账的 10 万元先用于抵充本金，剩余的借款本金 90 万元和利息 6 万元以及逾期还款利息（以本金 90 万元为基数，逾期利率 1.2% 计算至清偿之日止）将在 2022 年 6 月 30 日之前全部清偿。小刘却认为，转账的 10 万元应当是优先清偿利息 6 万元，剩余的 4 万元才是对借款本金 100 万元的部分清偿。双方相持不下，诉至法院。

对于小姚转账支付给小刘的 10 万元，究竟应该是优先对借款本金的清偿抵充还是优先对利息的清偿抵充呢？

律师说法

《民法典》第 561 条对债务清偿抵充顺序作出了规定，首先要求债务人除了履行主债务外，还应当支付利息和实现债权的有关费用。在债务人的给付能力不足以清偿主债务、利息和实现债权费用的情况下，如果当事人就清偿抵充顺序，事先进行约定或者事后协商一致，约定优先；无约定的，则按法定。

《民法典》作为“民事权利的宣言书”，严格贯彻了合同自由的原则，高度强调当事人的意思自治。但是，在当事人双方对清偿抵充顺序没有约定时，立法上采取了保护债权人利益的立场，排除了债务人指定的权利，应当依次按照下列顺序进行清偿抵充：（1）实现债权的费用。当一方当事人不履行合同项下债务，另一方当事人在通过合法途径实现债权时需要支付一定的额外费用，尤其通过司法强制程序实现债权时存在必要的费用支出。包括保管费用、诉讼费用、执行费用等。（2）利息。债权人预期应有的收益，是资金占有的成本。（3）主债务。

因此，在当事人无约定的情况下，债务人不能单方指定优先抵充主债务，再抵充利息，以避免损害债权人的利益。

在上述案例中，由于小姚和小刘并未就债务的清偿抵充顺序进行约定或协商一致；小姚作为债务人，在债务履行过程中对清偿抵充顺序的指定是无效的。因此，只能按照法定顺序对债务进行清偿抵充。所以，即使小姚在转账支付时备注栏中载明该 10 万元优先抵充本金，鉴于上述案例尚不存在实现债权费用的问题，该 10 万元的清偿抵充顺序，仍然是优先清偿利息 6 万元，再清偿借款本金 4 万元。

生活小贴士

1. 关于债务清偿抵充顺序规定，《民法典》的规定凸显了当事人双方在合同中意思自治的重要性。司法实践中，当事人双方可以根据实际情况，权衡利弊，协商一致，充分适用“约定优先原则”，以便促进合同的高效履行。

2. 债务人理应按照合同的约定按时向债权人清偿债务。但如若在合同订立时，即与债权人进行协商约定，若债务人的给付能力不足以清偿全部债务的情况下，优先对主债务进行清偿。这样一来，便可减少债务人在逾期还款期间支付的利息金额。

3. 当债权人和债务人对于清偿抵充顺序没有事先约定，进而发生利益冲突的情况下，《民法典》采取有利于债权人的清偿抵充顺序。即便如此，债权人在借款合同中仍应注意对利息进行约定，如若没有约定利息，视为没有利息。

法律直通车

《中华人民共和国民法典》

第五百六十一条　债务人在履行主债务外还应当支付利息和实现债权的有关费用，其给付不足以清偿全部债务的，除当事人另有约定外，应当按照下列顺序履行：

（一）实现债权的有关费用；

（二）利息；

（三）主债务。

第六百八十条　禁止高利放贷，借款的利率不得违反国家有关规定。

借款合同对支付利息没有约定的，视为没有利息。

借款合同对支付利息约定不明确，当事人不能达成补充协议的，按照当地或者当事人的交易方式、交易习惯、市场利率等因素确定利息；自然人之间借款的，视为没有利息。

5. 转账转错人怎么办?

老严经营钢铁厂多年，这天又到了向供应商汇款结算的日子。老严早早来到银行，准备在 ATM 机上将货款转账给供应商，怎料出门太急，老严忘了戴上老花眼镜。考虑到来回路程较远，老严只好眯着眼小心地在 ATM 机上输入银行账号，可还是输错了几个数字，碰巧的是，对方的名字与供应商的仅有一字之差，老严一时没留意到，继续输入转账金额“5 万元”，然后点击“转账”，就这样把 5 万元转给了一位陌生人。

过了几天，老严打电话给供应商，告诉他已转账 5 万元，可是供应商却说没有收到。老严一听急了，猜测应该是转错人了。几经周折，老严在银行工作人员的帮助下，终于查到 5 万元被转给了一位姓刘的先生。老严立刻联系刘先生，告知自己不小心将 5 万元错转给了他，希望刘先生退回，但刘先生却说是老严自愿将 5 万元转进他的账户的，拒绝退还。老严心急如焚，不知这 5 万元还能不能要回来。

刘先生拒绝退款的理由合理吗？老严应当如何要求刘先生返还这 5 万元呢？

律师说法

银行、微信、支付宝转账已成为主流的汇款方式，这些汇款方式可以在短时间内就将款项转到对方账户，方便快捷。但也出现了新问题：一不小心就会“转账转错人”，转错人后有时难以联系上对方，即便联系上了，对方也不一定会退款。就像本案中的老严，把款项错转给了刘先生后，刘先生却拒绝退款。

《民法典》规定，得利人没有法律根据取得不当利益的，受损失的人可以请求得利人返还取得的利益。那么，哪些情形属于不当得利呢？比如在台风天，邻居阳台上晾着的名牌衣服被刮入甲家，甲将其据为己有。又如乙跟老板说买一支冰激凌，老板记错了，给了乙两支，但乙仅付了一支冰激凌的钱。再如丙在收取货款时，发现多收了钱，但却不将多收的钱退回去……从上述例子中可以看到，生活中总有些非正常的利益变动，这时便需要不当得利制度来调解民事主体之间的财产流转关系，恢复双方在特定情形下的非正常利益变动，以维护交易安全、降低交易风险，保障民事主体的合法权益。

本案中，老严将本该转给供应商的款项，错转给了刘先生，导致老严损失了 5 万元，而刘先生却因此获得了一笔“意外之财”。那么，刘先生获得这 5 万元有依据吗？老严和刘先生素不相识，老严将款项转给刘先生并不是向他偿还借款，也不是向他支付货款等，也就是说刘先生是“平白无故”获得了 5 万元，这在法律上没有任何依据。“君子爱财取之有道”，刘先生在没有任何依据的情况下收取了老严的 5 万元，构成了《民法典》所规定的“不当得利”，老严有权要求刘先生返还 5 万元。此外，刘先生明知自己取得 5 万元没有依据却拒不退还，则老严不仅有权要求刘先生返还 5 万元，还可以要求刘先生赔偿利息损失。

生活小贴士

在转账前，务必认真核对收款账号和收款人的姓名；同时，可以选择“转账到账时间”，可将系统默认的“实时到账”修改为“2 小时到账”或“24 小时到账”。但生活中难免有疏漏，在转账转错人的情况下，该如何把钱追回呢？

通过银行账户转账的，应及时向银行工作人员说明情况，请求银行工作人员与收款人联系，协调退款事宜。通过微信、支付宝转账的，可与对方积极协商，让对方把款项退回；若协商不成的，应及时与客服联系，寻求帮助。在此过程中，应注意保存相关证据，如转账记录、聊天记录、电话录音等。

如果收款人明知汇款人转账转错人仍拒不退款，汇款人可以向人民法院提起诉讼，要求收款人返还相应款项。

法律直通车

《中华人民共和国民法典》

第一百二十二条 因他人没有法律根据，取得不当利益，受损失的人有权请求其返还不当利益。

第九百八十五条 得利人没有法律根据取得不当利益的，受损失的人可以请求得利人返还取得的利益，但是有下列情形之一的除外：

（一）为履行道德义务进行的给付；

（二）债务到期之前的清偿；

（三）明知无给付义务而进行的债务清偿。

第九百八十七条 得利人知道或者应当知道取得的利益没有法律根据的，受损失的人可以请求得利人返还其取得的利益并依法赔偿损失。

6. 网络刷单用款还能要回来吗?

开家具厂的陈老板跟随着电商潮流开起了网店，但在琳琅满目的网络购物平台，“酒香也怕巷子深”，开了几个月却毫无起色，剑走偏锋的陈老板打听到了黄荣发。陈老板让他帮忙组织水军，提高店铺销量。黄荣发答应帮忙寻找“刷手”在他的网络店铺中自行垫资刷单，除按照交易订单通过黄荣发返还刷手“货款”之外，还会支付一定的刷单报酬。黄荣发找到了熟人，在家待业的阿美为陈老板刷单，于是三方的刷单合作就开始了。阿美像正常网购那样下单、付款，陈老板发货（其实发了一些小零碎物品，创建物流信息）、收款后，再将钱转给黄荣发，再由黄荣发转给阿美。陈老板另外再给两人一些报酬。

三方合作得很愉快，两方有报酬，一方提高了销量，都尝到了甜头。但“好景不长”，不务正业的黄荣发因醉驾被判刑后一直在监狱里，有5万元的刷单资金进入黄荣发的银行账户后就再也没有回流到阿美那里了。阿美心急如焚，便向网络购物平台申请退款。陈老板称已将5万元支付给黄荣发，拒绝向阿美退款。阿美无奈，遂将陈老板告上法庭，要求退款。

那阿美预先垫付的5万元，还能要回来吗？

律师说法

本案中，阿美和陈老板通谋实施了刷单行为，意在以虚假网络购物的方式来掩盖“一方提高销量、一方赚取报酬”的真实意思。这样的行为属于《民法典》第146条规定的虚假表示和隐藏行为。该条第1款规定：“行为人与相对人以虚假的意思表示实施的民事法律行为无效”，阿美和陈老板本意并没有想通过真实地买卖家具来提高店铺销量，而是以虚假的意思表示通过网购平台订立网络购物合同。这份网购合同因缺乏双方真实的意思表示而无效。

《民法典》第146条第2款规定：“以虚假的意思表示隐藏的民事法律行为的效力，依照有关法律规定处理。”对于阿美和陈老板之间隐藏的民事法律行为的效力，即双方以阿美为陈老板刷单提高销量，陈老板向阿美支付一定报酬为合同内容的行为效力，则因违反《电子商务法》第17条有关“电子商务经营者不得以虚构交易、编造用户评价等方式进行虚假或者引人误解的商业宣传，欺骗、误导消费者”的规定而无效。

既然阿美和陈老板之间的网购关系、刷单关系通通都判定为无效，那阿美的5万元到底还能不能拿回来？本案受理法院经审理认定，虽然阿美和陈老板之间的通谋虚假行为无效，但客观上已经产生了虚假订单，造成网络营商环境的损害。而且阿美作为成年人，自行决定“投入”款项的数额，也自认了并非第一次为别人“刷销量”，因而对阿美基于赚取刷单报酬目的“投入”的款项，依法不予保护。最终，法院作出民事制裁决定书，对这5万元的非法利益进行收缴。

法律只保护合法权益，不保护非法利益。本案中，阿美聪明反被聪明误，拿不回这5万元。

生活小贴士

刷单兼职诈骗套路往往是骗子通过QQ群、微信群、微博、手机垃圾短信等群发“高薪日结”“轻松自由”的招聘广告。一旦有受害者主动联系，骗子就会告知在网上拍下指定的网购商品并付款,就能返还“货款”和报酬。骗子先让受害者尝到甜头再怂恿其多刷多赚，实施诈骗，待受害者上钩后便拉黑走人。天上不会掉馅饼，普通群众不要有“轻轻松松赚大钱”的好奇和侥幸心理，不要轻信网络上“动动手指就能月入过万”的兼职，轻易点击陌生链接。在发现相关违法违规信息后，可以向网上反诈机构投诉、举报。

从电子商务经营者的角度来看，电子商务经营者通过虚构订单提高销量的行为，不但误导了消费者的知情权和选择权，也扰乱了电子商务经营者之间公平竞争的市场秩序。这样的行为不仅违反《消费者权益保护法》《电子商务法》《反不正当竞争法》等法律，也会受到市场监督管理部门的行政处罚。

法律直通车

《中华人民共和国民法典》

第一百四十三条 具备下列条件的民事法律行为有效：

（一）行为人具有相应的民事行为能力；

（二）意思表示真实；

（三）不违反法律、行政法规的强制性规定，不违背公序良俗。

第一百四十六条 行为人与相对人以虚假的意思表示实施的民事法律行为无效。

以虚假的意思表示隐藏的民事法律行为的效力，依照有关法律规定处理。

第一百五十七条 民事法律行为无效、被撤销或者确定不发生效力后，行为人因该行为取得的财产，应当予以返还；不能返还或者没有必要返还的，应当折价补偿。有过错的一方应当赔偿对方由此所受到的损失；各方都有过错的，应当各自承担相应的责任。法律另有规定的，依照其规定。

《中华人民共和国电子商务法》

第十七条 电子商务经营者应当全面、真实、准确、及时地披露商品或者服务信息，保障消费者的知情权和选择权。电子商务经营者不得以虚构交易、编造用户评价等方式进行虚假或者引人误解的商业宣传，欺骗、误导消费者。

第三节 房屋租住

1. 疫情之下如何利用情势变更规则减免房租？

2019 年 3 月，刘英与宋金签订《租赁合同》，约定刘英承租宋金的商铺用于经营餐饮店，租赁期限 3 年，每月租金 1.5 万元，租金每月一付，押金为 3 万元。

次年 1 月，受新冠肺炎疫情影响，政府启动重大公共卫生事件一级响应，刘英的餐饮店无法正常开业经营，无经营收入。2020 年 2 月，刘英与宋金协商减免疫情期间的租金事宜遭拒。加上受疫情影响，刘英没有向宋金缴付 2020 年 2 月、3 月的租金。虽然 2020 年 4 月起餐饮业逐渐复工复产，但受疫情影响，刘英餐饮店的经营收入明显减少。

2020 年 4 月，宋金未收到租金即对商铺采取了停水停电的措施，扣留了 3 万元押金并要求刘英给付租金和补齐押金。后刘英与宋金再次沟通，但双方仍无法达成一致。

于是，刘英起诉宋金要求减免疫情期间的租金，恢复供水供电，并不再另行缴付押金。刘英的主张有法律依据吗？在疫情影响之下，是否有理由主张减免房租呢？

律师说法

2020 年 1 月下旬，新冠肺炎疫情在国内暴发，受防疫措施影响，很多行业（尤其是餐饮行业和娱乐场所）处于停滞状态。承租人一方面面临无营业收入或者营业收入明显下降的严峻形势，另一方面要承担租金。那么遭受新冠肺炎疫情影响的刘英及其餐饮店，在出租人不同意减免租金的情况下，能否实现减免租金呢？

《民法典》中有“情势变更”的规定，根据《民法典》第 533 条的规定，当合同成立以后客观情况发生了当事人在订立合同时无法预见的、不属于商业风险的重大变化，继续履行合同对于一方当事人明显不公平，当事人请求人民法院变更合同的，人民法院应当根据公平原则，并结合案件的实际情况确定是否变更。

本案中，刘英与宋金签订《租赁合同》后，发生了不可预见的、非商业风险的疫情及防疫措施，继续按照原租金标准交租对无法开业经营的刘英及其餐饮店明显不公平；刘英有权请求减少受防疫措施严重影响的疫情期间租金。

疫情之下，除了租赁合同外，买卖合同、建设工程合同、旅游服务合同等，如符合情势变更的适用情形的，当事人可以重新协商；变更合同履行期限、履行方式、价款数额等或解除合同。

生活小贴士

疫情之下是否都能减免租金呢？针对部分国有企业名下的物业，各地一般有相关的租金减免政策，承租人可依据当地的减免政策与出租人进行沟通。

针对非国有企业名下的物业，能否减免租金需具体情况具体分析：首先，看双方是否存在疫情情况下减免租金的约定，有约定从约定。其次，如无约定，承租人也可尝试与出租人协商租金减免事宜；如协商一致，双方可达成补充协议；如协商无法达成一致，则再具体情况具体处理。最后，在具体租赁中，如疫情发生在租赁合同成立后，且对承租物业的目的产生的重大影响，继续按照原租金缴付租金对承租人明显不公平，经承租人与出租人协商或交涉后仍无法达成一致的，疫情之下承租人可根据情势变更向法院或仲裁委主张减免租金。

但需要提醒大家注意的是，并非所有租赁都能以疫情为由主张减免租金。如因疫情之下对承租人承租住宅的基础条件并不发生重大变化，承租人较难以疫情影响（如无收入来源）为由主张减免房租；如在已经发生疫情且产生影响的情况下，承租人签订租赁合同，若再以疫情影响为由主张减免租金，可能会被认定为已预见相关影响且自愿签订合同而不予支持租金减免请求。

法律直通车

《中华人民共和国民法典》

第五百三十三条 合同成立后，合同的基础条件发生了当事人在订立合同时无法预见的、不属于商业风险的重大变化，继续履行合同对于当事人一方明显不公平的，受不利影响的当事人可以与对方重新协商；在合理期限内协商不成的，当事人可以请求人民法院或者仲裁机构变更或者解除合同。

人民法院或者仲裁机构应当结合案件的实际情况，根据公平原则变更或者解除合同。

2. 租户的装修费用可以折抵房租吗？

2018 年 6 月，研究生毕业离校的真真，在工作单位附近租了一间房屋，租期三年。因出租屋内部老旧，她打算装修一番，经房东同意后，真真便马上行动，联系、安排施工队进行装修，为此花费了 38000 元。

2021 年初，房东向真真表示租约到期后将不再续租，真真再次看了看自己装修得漂漂亮亮的房子后，翻出了与房东签署的《租赁协议》，但她怎么也没找到房东必须跟她续约、房东拒不续约应当承担什么责任、房东是否应当对她的装修进行补偿等条款，气愤的真真决定不再支付房租，并告知房东她要用装修费来折抵租金。

2021 年 6 月，租赁协议期限届满，真真仍在该房屋居住并拒付租金。经多次交涉无果，房东无奈，只能将她诉至法院，请求法院判令真真支付拖欠的租金并搬离涉案房屋。庭审过程中，真真承认拖欠租金的事实，但要求用其所支出的38000元装修费进行折抵。

租客真真的装修费用可以折抵房屋租金吗？

律师说法

在本案中，真真装修房屋是取得房东同意的，她能否要求房东对装修投入进行补偿或以此折抵房租呢？《民法典》第322条规定："因加工、附合、混合而产生的物的归属，有约定的，按照约定；没有约定或者约定不明确的，依照法律规定……"由于真真与房东之间的租赁协议对房屋装修而产生的附合物、混合物的权属并无约定，则应当依照法律规定处理。《最高人民法院关于审理城镇房屋租赁合同纠纷案件具体应用法律若干问题的解释》第10条规定："承租人经出租人同意装饰装修，租赁期间届满时，承租人请求出租人补偿附合装饰装修费用的，不予支持。但当事人另有约定的除外。"据此，双方签订的租赁协议并未约定装修费如何承担，也未约定房东需就装修费向真真作补偿或以装修费折抵租金，真真在法庭上要求以装修费折抵租金的主张将不会得到支持，她也将被判令搬离房屋并支付所拖欠的租金。

承租人在获得出租人同意的前提下出资装修房屋的，租约到期后也未必可以向房东要求装修补偿，关键看双方是否有约定，有约定的从其约定，无约定或约定不明的，由承租人自行负担。根据《最高人民法院关于审理城镇房屋租赁合同纠纷案件具体应用法律若干问题的解释》第8条的规定，对于未形成附合的装饰装修物（指装饰装修物未与房屋完全结合，可以分离拆除，如安装的空调、热水器及添置的可拆卸、可移动家具等），真真有权自行拆除搬走。至于是否拆除或搬走前述物品，真真具有选择权，如选择不拆除的，也不能以此要求房东折价补偿；如拆除造成房屋毁损的，真真应负责将房屋恢复原状。

生活小贴士

租客拟自行装修租赁房屋的，必须在租赁合同中或以书面形式取得房东同意，并就装修装饰物的归属及装修费的承担或补偿事宜作明确约定。

房东对租客如何使用、装修租赁房屋享有知情权和监督权，及时了解装修方案及装修效果是否符合房屋的结构、用途，能否发挥房屋的使用价值，并在租赁合同中进行约定，更有利于避免纠纷。

法律直通车

《中华人民共和国民法典》

第三百二十二条 因加工、附合、混合而产生的物的归属，有约定的，按照约定；没有约定或者约定不明确的，依照法律规定；法律没有规定的，按照充分发挥物的效用以及保护无过错当事人的原则确定。因一方当事人的过错或者确定物的归属造成另一方当事人损害的，应当给予赔偿或者补偿。

《最高人民法院关于审理城镇房屋租赁合同纠纷案件具体应用法律若干问题的解释》

第八条 承租人经出租人同意装饰装修，租赁期间届满或者合同解除时，除当事人另有约定外，未形成附合的装饰装修物，可由承租人拆除。因拆除造成房屋毁损的，承租人应当恢复原状。

第十条 承租人经出租人同意装饰装修，租赁期间届满时，承租人请求出租人补偿附合装饰装修费用的，不予支持。但当事人另有约定的除外。

第十一条 承租人未经出租人同意装饰装修或者扩建发生的费用，由承租人负担。出租人请求承租人恢复原状或者赔偿损失的，人民法院应予支持。

3. 租客转租房屋需要房东同意吗?

小张在外地打拼多年，利用积蓄在老家的县城买了一套新房。考虑到自己在外地常住的城市已购买房屋和组建家庭，父母在老家的乡下也有房可住，小张便一直没有对新房进行装修。邻居小李得知此情况后主动联系小张，表示愿意出资帮小张装修，前提是双方签订为期五年的租约，租金要低于周边市价。小张对小李提出的方案很感兴趣，两人最终签订了租赁合同，其中有一条约定：未经小张同意，小李不得擅自转租房屋。

新房装修好后，小李一直按照合同约定向小张支付租金。某天，小张休年假回老家看望父母，顺道到县城查看新房的情况，结果让小张错愕不已：原本两室一厅的房屋，被小李分割成六个房间，分别转租给六个人，整个房子拥挤不堪，面目全非。

小张找到小李协商，要求小李将房屋恢复原状并退还房屋。没想到小李态度强硬："租期一到我就会把房子改回来，在此之前，我想租给谁就租给谁，你管不着！要我现在退还房屋也可以，那你先把装修费付给我吧！"小张与小李多次协商无果后，将小李起诉至法院。

小李未经小张同意转租的行为违约吗？若此时退房可以向小张主张装修费吗?

律师说法

本案中，小张为房屋的出租人，小李为承租人，六位实际居住人为次承租人。小李拟向他人转租房屋时，根据之前合同的约定，必须取得小张的同意；未经小张同意，擅自进行转租的，属违约行为。小张有权依据《民法典》第716条第2款之规定，以小李违反合同约定擅自转租为由，解除与小李之间的租赁合同，并按合同约定要求小李返还房屋、恢复房屋原有的状态及承担相应的违约责任。如果小李要求小张赔偿装修费的损失，又会如何呢？小李虽经过小张的同意才出资装修房屋，但因小李擅自转租的违约行为导致租赁合同解除，且小张完全不接受小李把房屋分割成六个房间的装修方案，法院对违约在先的小李主张的装修损失赔偿是不予支持的。

另外，在未经出租人同意的情况下，承租人与次承租人签订的转租合同是否有效呢？小李作为承租人擅自转租，虽不具有将租赁物进行转租的处分权，但他与六位实际居住人签订的转租合同的效力适用无权处分的处理规则，转租合同的效力并不因此受到影响。故只要小李和六位实际居住人是在自愿的基础上订立转租合同，约定内容没有违反法律的强制性规定，则转租合同为有效合同。当然，根据合同的相对性原则，小张和小李的租赁合同解除后，小李与六位实际居住人的转租合同即使有效，也得解除，只是六位居住人可以要求小李按出租方解约承担违约责任。

此外，根据我国《民法典》第718条的规定，小张应该在知道或应当知道小李违约转租之日起六个月内向小李提出异议；否则，视为小张同意小李的转租行为。

生活小贴士

次承租人与承租人而非业主签订转租合同前，应当有意识地向承租人了解房屋业主是否同意转租，并要求承租人将房屋业主同意转租的书面文书作为转租合同的附件，以避免日后业主因此提前解除租赁合同收回房屋，而令自己被扫地出门。

承租人未经出租人同意而转租的，出租人享有合同解除权，但该权利的行使有一定的期限，即要求出租人在知道或者应当知道承租人转租之日起六个月内提出异议。如出租人未在法定的六个月内提出异议，之后又以承租人未经其同意擅自转租为由请求解除合同的，将不能得到支持。

出租人有权监督承租人是否按合同约定的方式使用租赁物，如承租人或次承租人未按约定的方式或未按租赁物的性质使用租赁物等，导致租赁物受损的，出租人有权要求承租人承担赔偿责任。

法律直通车

《中华人民共和国民法典》

第七百一十六条　承租人经出租人同意，可以将租赁物转租给第三人。承租人转租的，承租人与出租人之间的租赁合同继续有效；第三人造成租赁物损失的，承租人应当赔偿损失。

承租人未经出租人同意转租的，出租人可以解除合同。

第七百一十八条　出租人知道或者应当知道承租人转租，但是在六个月内未提出异议的，视为出租人同意转租。

《最高人民法院关于审理城镇房屋租赁合同纠纷案件具体应用法律若干问题的解释》

第九条　承租人经出租人同意装饰装修，合同解除时，双方对已形成附合的装饰装修物的处理没有约定的，人民法院按照下列情形分别处理：

（一）因出租人违约导致合同解除，承租人请求出租人赔偿剩余租赁期内装饰装修残值损失的，应予支持；

（二）因承租人违约导致合同解除，承租人请求出租人赔偿剩余租赁期内装饰装修残值损失的，不予支持。但出租人同意利用的，应在利用价值范围内予以适当补偿；

（三）因双方违约导致合同解除，剩余租赁期内的装饰装修残值损失，由双方根据各自的过错承担相应的责任；

（四）因不可归责于双方的事由导致合同解除的，剩余租赁期内的装饰装修残值损失，由双方按照公平原则分担。法律另有规定的，适用其规定。

第十一条　承租人未经出租人同意装饰装修或者扩建发生的费用，由承租人负担。出租人请求承租人恢复原状或者赔偿损失的，人民法院应予支持。

第二章

婚姻与继承

第一节 婚姻家事

1. 情侣分手后，能以不当得利为由要回分手费吗?

小莫和小梁通过婚恋网站认识后，很快就确立了恋爱关系，交往几个月后，小莫发现小梁脚踏两条船，为此要求分手，分手后，小莫心有不甘，便将前女友小梁诉至法院，请求法院判令小梁归还不当得利款5万元。

小莫说，在恋爱期间，小梁以结婚为由多次向他索要财物。起初他对小梁的行为没有任何怀疑，还经常给小梁购置各种礼物，但随着小梁索要金钱次数和数额增多，两人产生争吵，双方矛盾不断增多。2018年6月至7月，小莫向小梁转账2万元后不久，发现小梁与不知名男子有暧昧关系，一怒之下，决定分手。分手后，他多次要求小梁返还不当得利，被小梁拒绝。

小梁辩称，小莫诉称是以结婚为目的而寄存钱不是事实。她收到的礼物和转账均属赠与行为，是小莫自愿给的，并不是她索要的。且从2016年10月起至2018年12月止，两人恋爱并共同生活，如果需要还，她只愿意返还5000元。

恋爱期间的红包转账，分手后都能主张返还吗?法院将怎么去认定小莫转账的行为呢?

律师说法

恋爱中的红包转账，不能一概而论，要区分性质。如果是恋爱期间的借款，分手后是可以主张返还的，但如果是赠与，就不能主张返还。

首先,要看红包转账是否有特别寓意。一般备注了“我爱你”“520”“节日快乐”“七夕快乐”等话语以及“520”“999”“1314”等特殊金额的转账和红包，一般会被认定属于赠与行为，分手后主张返还很可能不会被法院支持。

其次，看转账金额大小。一般非大额的转账，几百元、几千元的往来且没有约定赠与或借款性质的，一般认定为赠与或者是共同消费。而金额较大、超出了个人消费水平的，则需要结合其他的证据进行进一步分析，能够证明大额的转账是属于借贷，则需要返还借款。

上述案例中，小莫向小梁转账，给付钱款时未明确款项性质，未设定法律上的权利义务关系，且小莫是自愿向小梁给付的，双方也共同生活过一段时间，不排除是赠与或用作共同生活消费支出，因此小梁取得款项并非没有法律根据。因此，在恋爱关系结束后，小莫要求小梁返回款项是没有事实与理由依据的。而在法院审理过程中，小梁表示愿意返还小莫 5000 元，系当事人对自己权利的处分，不违反法律规定。最终法院经审理判决，小梁返还小莫 5000 元。

不过，对于彩礼、购房、购车等大额款项的支出，除非受赠与的一方有相反证据证明,否则,可以推定付款的一方必然是“以将来能够结婚”的预期作为付款的前提条件。两人因恋爱失败分手而不能结婚的，当然不符合赠与一方在赠与时的心理预期，这种情况可视为附解除条件的赠与行为。即一旦双方没有缔结婚姻关系，赠与行为则失去法律效力，双方之间的权利义务关系当然解除，赠与的财产恢复至初始状态，赠与的一方有权要求对方返还。

生活小贴士

情侣之间的转账，最好用“520”“1314”或准备“七夕快乐”“我爱你”等带有特殊意义的数额进行转账。

如果转账的不是特殊意义的数额，在收到红包时，可以回复对方：“谢谢亲爱的红包！”

为了切实维护自身合法权益，尤其是涉及大额转账，最好留下真实转账意图的证据，比如录音、聊天记录、转账说明等，为恋爱做好“备注”。

法律直通车

《中华人民共和国民法典》

第一百二十二条 因他人没有法律根据，取得不当利益，受损失的人有权请求其返还不当利益。

第六百五十七条 赠与合同是赠与人将自己的财产无偿给予受赠人，受赠人表示接受赠与的合同。

第六百五十八条 赠与人在赠与财产的权利转移之前可以撤销赠与。

第九百八十五条 得利人没有法律根据取得不当利益的，受损失的人可以请求得利人返还取得的利益，但是有下列情形之一的除外：

（一）为履行道德义务进行的给付；

（二）债务到期之前的清偿；

（三）明知无给付义务而进行的债务清偿。

《最高人民法院关于适用〈中华人民共和国民法典〉婚姻家庭编的解释（一）》

第五条 当事人请求返还按照习俗给付的彩礼的，如果查明属于以下情形，人民法院应当予以支持：

（一）双方未办理结婚登记手续；

（二）双方办理结婚登记手续但确未共同生活；

（三）婚前给付并导致给付人生活困难。

适用前款第二项、第三项的规定，应当以双方离婚为条件。

2. 未婚同居闹分居，能到法院解除同居关系吗？

2015年，初中毕业后就辍学到广州打工的小荷经人介绍和同来广州打工的老乡小军相识。由于两人是老乡，也有共同的兴趣爱好，没过多久，双方就确立了恋爱关系，2017年初就开启了甜蜜的同居生活，小日子过得有滋有味。

同居时间久了，二人也有了结婚的打算，但由于小荷还没到法定结婚年龄，两家人决定先在老家摆酒席，等小荷到了年纪再安排两人领证，两人就这么在村长的见证下“结了婚”。回到广州后，小荷和小军一直忙着工作，也习惯了同居的生活，两人也就慢慢忘记了领证这件事，直到小荷到了法定结婚年龄，也没去领这一纸证书。

2020年，小荷和小军的女儿囡囡出生了，小生命带来的挑战加上柴米油盐酱醋茶的生活在一点点侵蚀双方的感情，两人开始有了争执。终于在一次争吵中，小荷决定不再继续过现在的生活，想要和小军“一刀两断”。

于是，小荷到了法院要求解除和小军的同居关系，但法院却告知小荷这个案件没法受理，小荷愣住了：同居关系不能受到法律保护吗？

律师说法

现代社会，人们对于感情生活的选择更加多样，或许是出于案例中年龄限制的原因，又或许是出于洒脱的心态，因各种原因选择未婚同居的男女并不少见。很多同居男女认为，虽然没有进行结婚登记，但除了没有一张结婚证，其他都和夫妻是没有区别的。但事实上，结婚证是婚姻登记管理机关签发的婚姻关系证明文书，它代表着法律上的认可，一旦双方存在婚姻关系，就不可以随便解除。而对于同居关系，我国法律并不禁止也不鼓励，它并不受到婚姻家庭相关法律的保护，因此同居关系存在或解除的争议，并不在法律的规制范围之内，这也是案例中小荷第一次请求法院解除与小军的同居关系，法院不予受理的原因。

由于同居关系不是婚姻关系，双方之间的财产并不能适用夫妻共同财产制，而同居期间，很多时候双方金钱来往都比较频繁，很容易引发财产方面的纠纷。另外，在长期同居过程中，双方可能已经育有子女，两人分开后,还会涉及非婚生子女抚养权的问题。当出现上述两种情况时，两人之间的纠纷就不仅是感情生活的选择问题，已经属于法律规制的范畴，此时法院应当受理双方关于同居期间财产分割或者子女抚养的纠纷。

生活小贴士

我国实行婚姻登记制度，男女登记结婚后属于婚姻关系，配偶的身份和财产受法律保护，未登记结婚而以夫妻名义共同生活的男女之间的关系属于同居关系，双方之间的关系不受《民法典》的保护。对于同居男女来说，双方互相不享有法定继承权，更没有对对方的扶养义务，若希望享有法律规定的作为配偶的权利，建议双方尽快办理结婚登记。

由于同居关系并不适用夫妻共同财产制，男女双方在同居期间还是应区分好个人财产，避免出现财产混同后难以对财产进行分割。若涉及大额款项的交易往来，双方之间需要明确清楚是属于借贷还是赠与，并保留好诸如转账凭证、欠条或赠与协议等相应的证据，避免分居后发生争议时法院无法对款项性质进行认定导致个人财产的损失。

法律直通车

《中华人民共和国民法典》

第一千零四十条 本编调整因婚姻家庭产生的民事关系。

第一千零四十九条 要求结婚的男女双方应当亲自到婚姻登记机关申请结婚登记。符合本法规定的，予以登记，发给结婚证。完成结婚登记，即确立婚姻关系。未办理结婚登记的，应当补办登记。

《最高人民法院关于适用〈中华人民共和国民法典〉婚姻家庭编的解释（一）》

第三条 当事人提起诉讼仅请求解除同居关系的，人民法院不予受理；已经受理的，裁定驳回起诉。

当事人因同居期间财产分割或者子女抚养纠纷提起诉讼的，人民法院应当受理。

3. 婚内可以要求分割夫妻共同财产吗？

阿珍与阿强从高中开始认识，相恋6年。阿珍大学一毕业就嫁给了阿强。结婚初期，阿强对阿珍百般呵护，两人生活十分恩爱甜蜜。

随着阿强的生意越做越好，应酬越来越多，阿强回家的时间也越来越晚。在结婚7年后，阿珍发现阿强有了外遇，对方是同村的一个女子小吴，两人还生育了子女。阿强被发现有外遇后，索性就搬出去和小吴同住，不再回家。

阿珍决定和阿强离婚，这才发现，早在3年前，阿强就从账户上划走了300万元，为小吴购置了一套房产。如今房屋已经被小吴出售，阿强作为代理人操作了整个售房事宜。阿珍向法院起诉离婚后，几次开庭阿强都未出庭应诉。阿珍离婚未果，为了维护自身的合法权益，遂以分割婚内财产为请求，向法院另行提起诉讼，要求对阿强名下的10万元银行存款和价值约200万元的股票进行分割。

阿珍的诉请能否得到支持呢?

律师说法

在婚姻关系存续期间，以不允许分割夫妻共同财产为原则，允许分割为例外。而在司法实践中适用婚内分割财产，需要注意两个事项：一是准确把握婚姻关系存续期间，夫妻共同财产分割的原则；二是严格把握分割共有财产的限制条件。

1. 一方有隐藏、转移、变卖、毁损、挥霍夫妻共同财产或伪造夫妻共同债务等严重损害夫妻共同财产利益行为的。上述行为应为夫妻一方的故意行为，以侵占夫妻共同财产为目的。因过失行为导致的共同财产毁损，不适用该条规定。

典型的有以下几种情形：（1）转移存款：将自己名下银行存款或股票账户资金等取出或转账到他人名下，导致离婚时其名下并无银行存款可分。（2）虚假过户：与他人串通，包括将不动产、公司股份、车辆等过户到第三人名下，他人为名义上所有，但实际上所有权和控制权仍在自己手中，致使配偶一方无法分割到财产。（3）变卖资产：将己方资产出卖给第三人，取得现金，规避配偶分割资产。（4）私赠他人：将己方资产赠与其他人，导致夫妻共同财产的减少。

2. 一方负有法定扶养义务的人患重大疾病需要医治，另一方不同意支付相关医疗费用。需要注意的是，一方负有的法定扶养义务是指广义上的扶养，不限于同辈之间的扶养，还包括晚辈对长辈的赡养以及父母对未成年或不能独立生活的子女的抚养。另外，夫或妻一方负有法定扶养义务的人应当患有重大疾病。这里所说的重大疾病可以借鉴保险行业中对重大疾病划定的范围。通常认为，需要长期治疗、医疗费用开支比较大或者对生命健康构成威胁的疾病，如心脏病、肿瘤等，属于重大疾病。相关医疗费用是指治疗疾病所需要的合理费用。最后，必须是夫或妻一方主观上不想支付，而不是客观上没有能力支付。

本案中，阿强在婚姻关系存续期间存在明显的转移或挥霍夫妻共同财产的行为，属于法律规定中的严重损害夫妻共同财产利益的事项。阿珍在直接起诉与阿强离婚存在一定主客观障碍的情况下，选择婚内分割财产，不失为一种保护自己利益的方法。

生活小贴士

在婚姻存续期间，发现一方有隐藏、转移、变卖、毁损、挥霍夫妻共同财产或者伪造夫妻共同债务等严重损害夫妻共同财产利益的行为时，应注意保存好相关的证据，提前作好准备，明确财产范围，以便及时止损。

法律直通车

《中华人民共和国民法典》

第一千零六十六条 婚姻关系存续期间，有下列情形之一的，夫妻一方可以向人民法院请求分割共同财产：

（一）一方有隐藏、转移、变卖、毁损、挥霍夫妻共同财产或者伪造夫妻共同债务等严重损害夫妻共同财产利益的行为；

（二）一方负有法定扶养义务的人患重大疾病需要医治，另一方不同意支付相关医疗费用。

《最高人民法院关于适用〈中华人民共和国民法典〉婚姻家庭编的解释（一）》

第三十八条　婚姻关系存续期间，除民法典第一千零六十六条规定情形以外，夫妻一方请求分割共同财产的，人民法院不予支持。

4. 丈夫隐瞒妻子在外借钱，欠款属于夫妻共同债务吗？

小花和阿强在一场相亲大会上认识，两人一见倾心，迅速确立了恋爱关系，三个月后，携手步入婚姻的殿堂。婚后，两人在自己住的自建房共同经营百货生意。不久，小花发现阿强有赌博的恶习，动不动就跟小花要钱去赌博，偶尔不给，阿强便动手打小花。最后小花忍无可忍，提出了离婚。

小花离婚两年后，生活越来越好，本以为要迎来新的生活，小花却突然收到了法院的传票。原来阿强在还没跟小花办理离婚手续的时候，以生意需要资金周转为由，向阿军借了 10 万元，实际上却用于赌博。由于阿强未按约还钱，阿军遂起诉阿强，法院判决阿强应还钱给阿军，在判决生效后，阿军向法院申请强制执行时，却发现阿强下落不明了。由于阿强在与小花协议离婚的时候，将夫妻共有的家产约定归小花所有，阿军又将小花起诉至法院，要求小花对阿强的债务承担还款责任。

那么，阿强向阿军借的款项，属于阿强和小花的夫妻共同债务吗？小花需要还这笔钱吗？

律师说法

判断是否属于夫妻共同债务时，可以分为以下几种情况：

1.《民法典》第1064条明确规定了夫妻共同债务“共债共签”的基本原则，即夫妻共同债务原则上要由夫妻双方共同意思表示予以确认。夫妻双方共同签名确认或虽然只有一方签名，但是另一方事后予以追认的债务为夫妻共同债务。本案中，如果借条上面有小花和阿强二人的签名，那么该笔借款就属于夫妻共同债务，由二人共同偿还。如果借条上只有阿强一人的签名，但是之后小花予以认可，有表示“会一起还钱”或类似的意思表示，那么这笔借款也属于夫妻共同债务。

2. 夫妻一方在婚姻关系存续期间以个人名义为家庭日常生活需要所负债务，可以认定属于夫妻共同债务，超出家庭日常生活需要所负债务原则上不属于夫妻共同债务。本案中，如果阿强向阿军借款10万元，用于购置汽车或用于家庭日常生活所需，即使小花没有在借条上签字，对这笔借款也毫不知情，那这笔借款也属于夫妻共同债务。如果阿强瞒着小花借了10万元，用于个人挥霍，没有用于家庭生活需要开支，那么这笔借款应当属于阿强的个人债务。

3. 债权人举证证明夫妻一方超出家庭日常生活需要所负债务用于共同生活、共同经营或者基于夫妻双方共同意思表示的，该笔债务为夫妻共同债务。如果案例中的阿强以个人名义向阿军借款10万元，超出了家庭的日常生活需要，但是阿军提交的证据能够证明这笔借款用于阿强和小花共同经营公司，那么该笔借款应当属于夫妻共同债务。

4. 在保护债权人利益的同时，法律明确规定了两种不予认定为夫妻共同债务的情形：（1）举债方与第三人串通虚构债务的；（2）夫妻一方从事赌博、吸毒等违法犯罪活动中所负债务，第三人主张权利的。本案中，如果有证据证明阿强向阿军所借的款项10万元，是用于个人赌博活动的，那么当然不属于夫妻共同债务。

生活小贴士

债权人在处理债权债务关系时，需要明确知悉债务人的偿还能力，掌握债务人的婚姻情况和家庭经济状况，明确债务人借款的性质是属于个人债务还是夫妻共同债务，如果是夫妻共同债务，务必争取其配偶在债权文书中签字。

夫妻一方（非债务人）需要注意以下几点：对配偶的借款行为谨慎处理，尤其是签署借款文件时，要明确该笔债务的性质是属于个人债务还是夫妻共同债务。即便在债务已经形成后，也要注意债权人以微信、录音、电话套话等形式固定事后追认承诺还债的证据。

法律直通车

《中华人民共和国民法典》

第一千零六十四条　夫妻双方共同签名或者夫妻一方事后追认等共同意思表示所负的债务，以及夫妻一方在婚姻关系存续期间以个人名义为家庭日常生活需要所负的债务，属于夫妻共同债务。

夫妻一方在婚姻关系存续期间以个人名义超出家庭日常生活需要所负的债务，不属于夫妻共同债务；但是，债权人能够证明该债务用于夫妻共同生活、共同生产经营或者基于夫妻双方共同意思表示的除外。

《最高人民法院关于适用〈中华人民共和国民法典〉婚姻家庭编的解释（一）》

第三十三条 债权人就一方婚前所负个人债务向债务人的配偶主张权利的，人民法院不予支持。但债权人能够证明所负债务用于婚后家庭共同生活的除外。

第三十四条 夫妻一方与第三人串通，虚构债务，第三人主张该债务为夫妻共同债务的，人民法院不予支持。

夫妻一方在从事赌博、吸毒等违法犯罪活动中所负债务，第三人主张该债务为夫妻共同债务的，人民法院不予支持。

5. 被隐瞒病史结婚可以起诉离婚吗？

2020年1月，已届婚龄的小刘和小王通过相亲认识。3个月后，小刘和小王认为彼此是合适的结婚对象遂登记结婚。婚后不久，小刘发现小王偶尔出现行为异常，随着时间的推移，小王出现行为异常的情形越发频繁。小刘为此多次向小王的父母了解情况，但其父母坚称小王只是有点“孩子气”而已。

2020年底，小刘发现了小王的病历资料，小王被追问之下只好坦白，自己数年前患上了“精神分裂症”，还曾多次住院治疗，且持续服药至今。小刘很生气，认为这么重大的个人情况小王居然一直欺瞒不告，立即表示要与小王离婚；小王则认为自己在与小刘登记结婚时并不处在发病期，小刘不能据此与自己离婚。

尽管小刘和小王刚结婚时感情尚可，但小王故意隐瞒病史，发病时怪异的言语和举动更让小刘在亲友前颜面尽失。小刘几近挣扎，决定结束这段婚姻关系。那么，小刘可以起诉离婚吗？

律师说法

现实生活中出现不少类似的情况，男女一方或双方在向婚姻登记机关申请结婚登记时，明知不符合法定条件，却向另一方隐瞒真实情况或提供虚假证明，使另一方陷入错误认识，进而完成结婚登记。那么，被欺骗、隐瞒的一方能否向法院起诉要求离婚呢？

事实上，针对这种情形首选方案不是离婚，而是撤销婚姻。我国《民法典》第1053条规定："一方患有重大疾病的，应当在结婚登记前如实告知另一方；不如实告知的，另一方可以向人民法院请求撤销婚姻。"在上述案例中，小王在结婚登记前未向小刘如实告知自己患有"精神分裂症"，小刘有权在知道小王病情之日起一年内，以小王婚前隐瞒重大疾病为由向人民法院主张撤销婚姻。《民法典》虽未明确规定何谓"重大疾病"，但小王患有"精神分裂症"多年且难以治愈，依社会通识来看，其病患程度显然属于"重大疾病"范畴。

那么，撤销婚姻与离婚的法律效力一样吗？答案当然是不一样的。可撤销婚姻在被依法撤销前，具有法律约束力；在被依法撤销后，该婚姻关系视为自始无效，没有法律约束力。也就是说，相当于双方自始至终没结过这次婚。而离婚则不然，离婚前其婚姻关系是合法有效的，离婚的结果是让合法有效的婚姻关系予以解除。如在婚姻被依法撤销前或离婚前，再次登记结婚的，属于重婚行为，构成重婚罪。

我国在2003年10月1日正式实施的《婚姻登记条例》，并未把婚前健康检查作为结婚登记的前提条件。因此，男女双方在结婚登记时，未提供婚前医学检查证明的，该婚姻关系并非无效。如小刘知悉情况后未在法定的一年内起诉要求撤销婚姻，那么两人的婚姻还是合法有效的。之后，如果小刘再有离婚的想法时，可选择与小王共同前往民政部门协议离婚；如两人无法就离婚相关事项达成一致的，小刘有权向法院起诉要求与小王离婚。

生活小贴士

1. 重视婚前医学检查，充分了解对方的健康状况，再决定是否结婚。

2. 男女双方离婚，可通过民政部门协议离婚，也可向法院起诉要求离婚；但撤销婚姻只能通过诉讼途径，到法院处理，民政部门无权作出撤销婚姻的决定。

3. 婚姻撤销后，双方不具有夫妻的权利和义务，同居期间所得的财产，由双方协议处理；协商不成的，由人民法院根据照顾无过错方的原则判决。双方所生的子女，适用法律上关于父母子女的规定。

法律直通车

《中华人民共和国民法典》

第一千零五十三条 一方患有重大疾病的，应当在结婚登记前如实告知另一方；不如实告知的，另一方可以向人民法院请求撤销婚姻。

请求撤销婚姻的，应当自知道或者应当知道撤销事由之日起一年内提出。

《婚姻登记条例》

第五条 办理结婚登记的内地居民应当出具下列证件和证明材料：

（一）本人的户口簿、身份证；

（二）本人无配偶以及与对方当事人没有直系血亲和三代以内旁系血亲

关系的签字声明。

办理结婚登记的香港居民、澳门居民、台湾居民应当出具下列证件和证明材料：

（一）本人的有效通行证、身份证；

（二）经居住地公证机构公证的本人无配偶以及与对方当事人没有直系血亲和三代以内旁系血亲关系的声明。

办理结婚登记的华侨应当出具下列证件和证明材料：

（一）本人的有效护照；

（二）居住国公证机构或者有权机关出具的、经中华人民共和国驻该国使（领）馆认证的本人无配偶以及与对方当事人没有直系血亲和三代以内旁系血亲关系的证明，或者中华人民共和国驻该国使（领）馆出具的本人无配偶以及与对方当事人没有直系血亲和三代以内旁系血亲关系的证明。

办理结婚登记的外国人应当出具下列证件和证明材料：

（一）本人的有效护照或者其他有效的国际旅行证件；

（二）所在国公证机构或者有权机关出具的、经中华人民共和国驻该国使（领）馆认证或者该国驻华使（领）馆认证的本人无配偶的证明，或者所在国驻华使（领）馆出具的本人无配偶的证明。

6.“离婚冷静期”如何发挥作用？

王莉莉和何强在朋友聚会上一见钟情，两人迅速坠入爱河，随即携手步入婚姻的殿堂。婚姻初始，王莉莉和何强与大多数夫妻一样，怀揣着对爱情美好的向往与期待。婚后不久，王莉莉和何强的孩子便出生了。何强为了给王莉莉和孩子创造更好的生活条件，便努力工作赚钱。因为工作繁忙，何强陪伴王莉莉和孩子的时间越来越少，与王莉莉的沟通也越来越少。王莉莉一人照顾孩子，独自面对生活中的琐碎之事，再加上缺少何强的陪伴，心生委屈。何强觉得王莉莉实属无理取闹，认为自己如此忙碌，心系工作，只不过是为了给王莉莉以及孩子更好的生活条件。

两人的矛盾日渐增多，纷争不断。终于在一次吵架后，王莉莉和何强决定离婚。在工作人员的指导下，王莉莉和何强很快签署了离婚协议。两人签署了离婚协议后，本以为当天就可拿到离婚证，但工作人员告知他们，《民法典》新设了“离婚冷静期”制度，30天内如果王莉莉或者何强后悔离婚了，可以撤回离婚申请。但如果30天后，王莉莉和何强两人仍然坚持要离婚的话，则需王莉莉和何强一起来申领离婚证，才可以最终获得。

然而在冷静期满前一周的晚上，孩子突然生病了。王莉莉与何强非常紧张，一起将孩子送往医院进行救治。终于，在两人的共同努力下，他们的孩子很快就康复出院了。

王莉莉和何强在经历此事后，又发现了对方的好。于是在孩子出院的第二天，即冷静期满前一天，一起去撤回了离婚登记的申请。

律师说法

据统计，自21世纪以来，我国离婚率逐年增长。像本案中的王莉莉与何强这样，因家庭琐事一时冲动“闪婚”“闪离”的情况非常普遍。新增“离婚冷静期”制度，就是为了避免过多的人因为一时冲动而申请离婚，所以为协议离婚设置了期限，以便协议离婚的双方冷静思考。“离婚冷静期”制度的立法初衷不是限制人们的婚姻自由，只是希望可以通过设置合理期限的方式，让冲动离婚的人们意识到婚姻的珍贵，从而维护家庭的稳定与社会的安宁。

“闪婚”“闪离”频发的另一重大原因，是在《民法典》施行之前，我国申请离婚的手续过于简便，处理离婚的速度过于迅速，导致许多夫妻完全没有时间冷静思考离婚是不是解决问题的关键。“离婚冷静期”制度通过延长申请离婚的时间，增加了申请离婚的难度，从而减轻了婚姻登记机关等行政部门的工作压力。

在“离婚冷静期”制度下，若夫妻双方协议离婚的，可按照以下程序办理：（1）夫妻双方应就双方是否同意离婚、子女抚养权的归属、子女的抚养费、夫妻共同财产及债务的处理等事项予以明确，并制作成离婚协议，一式三份，双方一人保存一份，第三份交由婚姻登记机关存档；（2）夫妻双方一同向婚姻登记机关申请离婚，在收到婚姻登记机关发放的《离婚登记申请受理回执单》之日起30日内，任何一方不愿意离婚，即可以向受理离婚登记申请的婚姻登记机关撤回离婚登记申请，撤回申请的，视为未离婚成功；（3）若在收到婚姻登记机关发放的《离婚登记申请受理回执单》之日起30日内，并未出现任何一方不愿意离婚且向婚姻登记机关撤回离婚登记申请的情况，则夫妻双方需在收到《离婚登记申请受理回执单》之日起30日届满后的30日内，共同亲自去申领《离婚证》，即不能出现只有一方去申领或者由他人代领的情况，否则视为撤回离婚登记申请，则双方离婚失败。

生活小贴士

由于《民法典》新增“离婚冷静期”制度，离婚难度增加。为了避免“闪婚”“闪离”现象，建议婚前了解清楚对方的身体状况、征信、债务、婚史、有无犯罪记录等各方面的个人信息，再决定是否结婚。

“离婚冷静期”制度只适用于协议离婚的情形，诉讼离婚是不适用“离婚冷静期”制度的。如果婚姻存续期间出现家庭暴力，建议选择以诉讼离婚方式去解决，这样即可不受“离婚冷静期”的限制。

法律直通车

《中华人民共和国民法典》

第一千零七十七条 自婚姻登记机关收到离婚登记申请之日起三十日内，任何一方不愿意离婚的，可以向婚姻登记机关撤回离婚登记申请。

前款规定期限届满后三十日内，双方应当亲自到婚姻登记机关申请发给离婚证；未申请的，视为撤回离婚登记申请。

7. 配偶不忠诚，能否要求其净身出户？

李楠与马爽是一对在大学就相恋四年的情侣。2012 年，两人选择结束爱情长跑，在广州登记结婚。不久后，双方共同出资在广州买了房子作为婚房，还生了个可爱的女儿，一家三口就此开启了幸福的生活。

为了给这段婚姻增添安全感，双方经商量后决定在婚后签订一份《协议》，约定：“从今天起如果任何一方在外面有婚外情行为导致离婚，那么家庭所有财产归另一方所有（包括房、车、现金、银行存款和流动资金），子女也由另一方抚养。此协议一式两份，双方各执一份。”

协议签订数年后，李楠在工作中与同事罗兰日久生情，进而开始发展不正当的婚外情关系。不仅如此，李楠还与罗兰同居，全然不管家中妻儿。不久后，马爽发现李楠出轨了，一气之下诉至法院要求离婚，主张按照婚内协议约定，处理子女抚养和夫妻共同财产分割。

那么，法院会如何认定这份《协议》的效力呢？

律师说法

这份《协议》，其实是大家所理解的“忠诚协议”，即男女双方在婚前或婚后，自愿制定的有关在婚姻存续期间夫妻双方恪守婚姻法所倡导的夫妻之间互相忠实的义务。如果违反，过错方将在经济上对无过错方支付违约金、赔偿金、放弃部分或全部财产的协议。就本案的《协议》来看，应该从以下两方面作出对应判断：

1. 关于“净身出户”的条款。“忠诚协议”若约定违反忠诚义务一方放弃所有夫妻共同财产，即“净身出户”，在近几年的司法案例中，法院一般会基于公平原则，综合夫妻双方的经济、生活和职业状况，适当参照该协议进行判决。

2. 关于子女抚养的条款。若夫妻双方在“忠诚协议”里约定子女抚养、监护义务的存续或丧失与忠实义务相关，如本案中李楠约定“出轨方放弃子女监护权”或限制出轨方对子女的探视权等，法院一般不会直接根据“忠诚协议”来认定子女抚养问题，而是根据《民法典》婚姻家庭编有利于子女健康成长的原则，结合父母双方的经济、教育条件，作出有利于子女成长的裁判。

因此，李楠与马爽签订的《协议》中约定出轨方“净身出户”与放弃抚养权的条款无效，法院会综合其二人的综合条件、过错程度与女儿的意愿等因素去判决婚内财产的分割和女儿的抚养权。

实际上，“忠诚协议”并非当然无效，忠诚协议实质上属于情感、道德范畴。如违反“忠诚协议”一方心甘情愿净身出户或赔偿若干金钱，那该协议是符合当初双方制定协议时的目的的。但是如果一方不愿履行，也不应强迫其履行“忠诚协议”，就如同超过诉讼时效的债权债务，是否履行全凭出轨方的自愿。所以，夫妻之间签订“忠诚协议”，应由其二人本着诚信原则自觉自愿履行，法律并不禁止夫妻之间签订此类协议，但也不赋予此类协议强制执行力。

生活小贴士

假如夫妻双方确实因为信任问题签订“忠诚协议”，应当注意以下几个方面：

“忠诚协议”中切勿违反法律强制性规定，切忌以协议约定的形式剥夺和限制一方的人身权利，如必须离婚、放弃对孩子的抚养权或探视权等限制性条款，这样的约定即使成立也属无效约定。

“忠诚协议”中切忌约定对出轨方施以极其严苛的条件，如“净身出户”条款等，最终得到法院支持的概率微乎其微，反而得不偿失。

“忠诚协议”中不要出现离婚协议条款的约定，根据《最高人民法院关于适用〈中华人民共和国民法典〉婚姻家庭编的解释（一）》第69条的规定，一旦被认定为涉及离婚条款，如果双方离婚不成，且对方在诉讼中“反悔”，法院会认定该协议没有生效。故建议夫妻双方在“忠诚协议”不要约定“离婚”字眼，只是约定：“若一方出现违反忠实义务的情形，则自愿遵从如下财产约定”，避免前功尽弃。

法律直通车

《中华人民共和国民法典》

第四百六十四条　合同是民事主体之间设立、变更、终止民事法律关系的协议。

婚姻、收养、监护等有关身份关系的协议，适用有关该身份关系的法律规定；没有规定的，可以根据其性质参照适用本编规定。

第一千零四十三条　家庭应当树立优良家风，弘扬家庭美德，重视家庭文明建设。

夫妻应当互相忠实，互相尊重，互相关爱；家庭成员应当敬老爱幼，互相帮助，维护平等、和睦、文明的婚姻家庭关系。

第一千零六十五条　男女双方可以约定婚姻关系存续期间所得的财产以及婚前财产归各自所有、共同所有或者部分各自所有、部分共同所有。约定应当采用书面形式。没有约定或者约定不明确的，适用本法第一千零六十二条、第一千零六十三条的规定。

夫妻对婚姻关系存续期间所得的财产以及婚前财产的约定，对双方具有法律约束力。

夫妻对婚姻关系存续期间所得的财产约定归各自所有，夫或者妻一方对外所负的债务，相对人知道该约定的，以夫或者妻一方的个人财产清偿。

8. 什么是意定监护？

刘华今年 70 岁，身体还算健康，身边的亲人只剩下孙子刘飞，刚刚年满 20 岁。刘飞在当地读大学，成绩非常优秀，老师们都夸奖他是专心做学术的好苗子。

因刘飞成绩优秀，获得了学校进修项目的名额，有机会到国外留学，并可以跟随行业内的专家参与研究项目。得知这个消息后，刘飞欣喜若狂，迫不及待告诉了爷爷刘华这个好消息。不过几日，这个好消息就在邻里之间传遍了，大家都夸刘华有个有出息的好孙子。

可万万没想到，刘飞兴奋了几天之后，却突然想要放弃这个海外进修的机会。刘华抓着孙子问了半天才终于明白，刘飞认为，他们两人相依为命，若是自己出国了，那谁来照顾刘华呢?

听完刘飞的顾虑，刘华心情很沉重，孙子有孝心是一件好事，可自己怎么能成为孙子追求理想路上的“累赘”呢?刘华经过多方打听，并询问了律师之后，决定为自己找寻一位意定监护人，让孙子刘飞出国之后能放心。

刘华选择了一位信任的朋友作为自己的意定监护人，签订了意定监护协议，并进行了公证，若刘华日后失去了民事行为能力，则这位朋友将肩负起监护人的责任。刘飞得知此事后，终于可以放心地参与海外进修项目，安心追求自己的学术目标。

律师说法

成年人在丧失或部分丧失民事行为能力后，也需要有监护人来对自己的事务进行管理和辅助，从而弥补被监护人行为能力的欠缺，最终实现其民事权利。意定监护只存在于成年监护，而且是与法定监护不同的一项监护制度。

意定监护，通俗地讲，就是指一个成年人在自己清醒的时候，选择一个自己信任的人，亲属或者非亲属均可，书面指定其作为自己失能后的监护人，由这个人来照顾自己的生活、处置自己的财产、权利等。

根据我国《民法典》的相关规定，具有完全民事行为能力且具备相应意思表示能力的成年人可以根据本人的意愿确定自己的监护人，获取更充分的选择权利，这个监护人可以是自然人，也可以是组织。

若要进行意定监护，首先，被监护人应当找到愿意担任其意定监护人的人或组织。其次，双方应当签订书面协议，在协议中对监护事项、权限、范围、管理方针等内容进行约定。最后，签订意定监护协议时，可以选择公证。这不是强制的，但为了防止将来就意定监护协议的效力产生争议，最好的办法就是公证。

生活小贴士

在心智障碍者家庭，一对智力健全的夫妻，育有一名智力障碍的子女，父母免不了担心自己老去后，子女无法肩负起照顾自己的重任。此时，可运用意定监护制度，根据子女在清醒时的意愿为子女选好监护人。

具有完全民事行为能力的成年人，可以自行选定监护人。除心智障碍者家庭外，在当前形势下，孤寡和失孤老人也需要意定监护。当被监护人成为无民事行为能力人或限制民事行为能力人时，意定监护发生效力。

此外，设立意定监护一定要注意签好书面协议，可以约定监护权限及范围、将来监护事务的处理方案、被监护人对自己事务的处置偏好等，例如：如果送往医院，是选择公立医院还是私立医院；如果入住养老院，是希望住花费不菲型的还是经济实惠型的，当然被监护人的处置偏好并非必需的，但诸如此类的细致化约定可以有效体现被监护人的意思，确保被监护人失能后能获得最大限度地称心如意。

法律直通车

《中华人民共和国民法典》

第三十三条　具有完全民事行为能力的成年人，可以与其近亲属、其他愿意担任监护人的个人或者组织事先协商，以书面形式确定自己的监护人，在自己丧失或者部分丧失民事行为能力时，由该监护人履行监护职责。

第三十四条　监护人的职责是代理被监护人实施民事法律行为，保护被监护人的人身权利、财产权利以及其他合法权益等。

监护人依法履行监护职责产生的权利，受法律保护。

监护人不履行监护职责或者侵害被监护人合法权益的，应当承担法律责任。

因发生突发事件等紧急情况，监护人暂时无法履行监护职责，被监护人的生活处于无人照料状态的，被监护人住所地的居民委员会、村民委员会或者民政部门应当为被监护人安排必要的临时生活照料措施。

9. 父母可以通过遗嘱为孩子指定监护人吗?

刘刚与陈茜育有一名3岁的女儿刘妙，今年5月，刘刚与陈茜在一同出差途中，发生严重车祸，陈茜当场死亡，刘刚身受重伤。

万幸的是刘刚没有伤及脑部，但这次车祸给刘刚留下了严重的后遗症，身体每况愈下。死里逃生的刘刚担心自己时日无多，如果自己去世了，刘妙就成了孤儿，而自己和陈茜的父母年事已高，已无力照顾刘妙，到时谁来将年幼的刘妙养大成人？除了亲人外，刘刚想到自己有个多年的好友宋强，宋强是刘刚所在城市的一名警察，刘刚对他极其信任，且宋强夫妇俩一直对刘妙关爱有加。于是，刘刚想提前写一份遗嘱，委托宋强在自己死亡后作为刘妙的监护人，宋强在得知刘刚的想法后表示同意，但刘刚不知这种操作是否可行。

刘刚作为刘妙的父亲，可以通过立遗嘱的方式为刘妙指定监护人吗？

律师说法

父母是未成年子女的监护人，如果未成年人的父母均已死亡，根据法律规定，未成年人的监护人则在法定监护人中产生。这样的规定虽然可在一定程度上避免监护人的“缺位”，但却无法体现当事人的意思自治。本案中，若刘刚在刘妙成年之前去世，则刘妙的监护人由刘刚、陈茜的父母（即刘妙的祖父母、外祖父母）担任，但刘刚、陈茜的父母已无力抚养刘妙，这显然不利于保障刘妙的利益。为此，《民法典》确立了遗嘱指定监护人制度，该制度体现了民法的意思自治原则，即被监护人的父母可以立下遗嘱，选择最信任可靠的人作为子女的监护人，来最大限度地保护子女的利益。遗嘱指定监护人制度，体现了民法的人文关怀精神，能够让父母放心地把子女托付给被指定的监护人。

根据《民法典》第 29 条之规定，被监护人的父母可以通过订立遗嘱的方式，为处于自己监护之下的子女指定监护人。根据该规定，遗嘱指定监护应具备以下条件：（1）行使该权利的主体是被监护人的父母，只有父母才可以立遗嘱指定监护人，其他人（如爷爷奶奶）担任监护人的则无权通过遗嘱指定监护人。（2）父母须正在担任子女的监护人，若因丧失监护能力没有担任监护人或被撤销监护资格的，就不能通过遗嘱指定监护人。（3）只能通过立遗嘱的方式指定监护，而不能通过声明等其他方式。（4）被监护人是无民事行为能力或限制民事行为能力的子女，包括未成年及成年子女，如成年的植物人、脑瘫子女也属于本条所规定的被监护人。（5）被指定的遗嘱监护人应具有监护能力，能够履行监护职责，执行遗嘱指定监护。若被指定的监护人患有严重疾病无监护能力，或在国外生活无法履行监护职责的，则不能作为被指定的监护人。被监护人的父母须另行确定有监护能力的人选，这样才能切实保障被监护子女的利益。

本案中，刘妙尚未成年，刘刚作为刘妙的父亲，且正在担任刘妙的监护人，可以通过立遗嘱的方式为刘妙指定监护人。同时，宋强是人民警察，是完全民事行为能力人，具有监护能力，且与刘妙生活在同一城市，能够履行监护职责，可以作为被指定的遗嘱监护人。因此，刘刚可以通过立遗嘱的方式指定宋强作为刘妙的监护人，他日若刘刚在刘妙成年之前不幸去世，则宋强可取得优先于其他法定监护人的地位，成为刘妙的监护人。

生活小贴士

遗嘱指定监护中，作为以指定监护人为主要内容的遗嘱，应符合一般遗嘱的相关规定。如：遗嘱人必须具有完全民事行为能力，否则所立的遗嘱无效；遗嘱应签名，并注明年、月、日；遗嘱以遗嘱人的死亡作为生效条件等（详见《民法典》第六编第三章“遗嘱继承和遗赠”）。

同时，作为监护人的父母在指定监护人时，虽有自由选择的权利，但仍应尊重被监护人的真实意愿。对于有表达能力的子女，父母应与子女充分沟通，了解子女的真实意愿，综合考量后再进行遗嘱指定，这样才能最大限度地保护子女的利益。

法律直通车

《中华人民共和国民法典》

第二十七条 父母是未成年子女的监护人。

未成年人的父母已经死亡或者没有监护能力的，由下列有监护能力的人按顺序担任监护人：

（一）祖父母、外祖父母；

（二）兄、姐；

（三）其他愿意担任监护人的个人或者组织，但是须经未成年人住所地的居民委员会、村民委员会或者民政部门同意。

第二十八条 无民事行为能力或者限制民事行为能力的成年人，由下列有监护能力的人按顺序担任监护人：

（一）配偶；

（二）父母、子女；

（三）其他近亲属；

（四）其他愿意担任监护人的个人或者组织，但是须经被监护人住所地的居民委员会、村民委员会或者民政部门同意。

第二十九条　被监护人的父母担任监护人的，可以通过遗嘱指定监护人。

10. 监护人因突发紧急事件无法照料生活不能自理的被监护人，由谁履行临时监护职责？

秋红原本有一个幸福的家庭，与丈夫十分恩爱，育有一对双胞胎，他们刚上一年级。2021 年初，丈夫上班遭遇工伤不幸离世。秋红艰难地料理完丈夫后事后，慢慢从悲伤中走出来，开始思考未来的道路。为了不折腾双方都在老家也年迈的父母，她决定独自抚养两个小孩。

某天，送完两个小孩上学后，秋红回到单位上班，接到上级通知需要到临近的城市出差。因可以当天来回并且能按时接孩子放学，秋红拎上公文包就驾车出发了。然而在隔壁城市工作时因所在公司出现疑似新冠病毒感染者，当时公司所有人员都作为密切接触者暂时带往隔离酒店进行隔离观察。秋红知道要被暂时隔离观察时，第一时间想到没有人照料两个年幼的孩子，父母又不在身边，十分着急。经过多番联系，秋红的同事最终答应帮忙照顾孩子 14 天。在这 14 天中，对于秋红来说是度日如年，可幸最终平安回到孩子身边。

这次隔离虽然有惊无险，但当以后再次发生突发紧急事件，比如地震、洪水等大规模自然灾害，出现监护人暂时无法照料生活不能自理的被监护人的情况，那谁应该代替监护人来照料生活不能自理的被监护人呢？

律师说法

2020年新冠病毒突然袭来打乱了许多人正常生活、工作的秩序。许多监护人因为疾病、隔离或者从事与隔离有关的工作被迫与被监护人暂时分离，而其中一部分被监护人又是不能或者尚不能生活自理。敏锐的国家立法机关在注意到相关问题后，迅速地作出了在立法层面的回应。2020年5月22日，在十三届全国人大三次会议上，全国人民代表大会常务委员会副委员长在《关于〈中华人民共和国民法典（草案）〉的说明》中指出，结合此次疫情防控工作，对监护制度作了进一步完善，规定因发生突发事件等紧急情况，监护人暂时无法履行监护职责，被监护人的生活处于无人照料状态的，被监护人住所地的居民委员会、村民委员会或者民政部门应当为被监护人安排必要的临时生活照料措施。

《民法典》修改和完善了监护制度，以法律明文规定的方式解决突发紧急情况下监护人缺失的机制问题，保障了生活无法自理的被监护人在紧急突发事件中的权益，使监护制度中的临时监护制度得到进一步完善。

因此，当以后再次发生突发紧急事件，出现监护人暂时无法照料生活不能自理的被监护人的情况，监护人可以寻求当地的村委会、居委会或者民政部门的帮助。

生活小贴士

虽然《民法典》填补了突发紧急情况下的临时监护制度的立法漏洞，但要在突发紧急情况下启动国家层面的临时监护，须满足以下四个要件：（1）突然发生，造成或者可能造成严重社会危害，需要采取应急处置措施予以应对的自然灾害、事故灾难、公共卫生事件和社会安全事件；（2）所有监护人均暂时无法履行监护职责；（3）被监护人的生活处于无人照料状态的；（4）监护人通知被监护人住所地的居委会、村委会或者民政部门。

法律直通车

《中华人民共和国民法典》

第二十七条 父母是未成年子女的监护人。

未成年人的父母已经死亡或者没有监护能力的，由下列有监护能力的人按顺序担任监护人：

（一）祖父母、外祖父母；

（二）兄、姐；

（三）其他愿意担任监护人的个人或者组织，但是须经未成年人住所地的居民委员会、村民委员会或者民政部门同意。

第二十八条 无民事行为能力或者限制民事行为能力的成年人，由下列有监护能力的人按顺序担任监护人：

（一）配偶；

（二）父母、子女；

（三）其他近亲属；

（四）其他愿意担任监护人的个人或者组织，但是须经被监护人住所地的居民委员会、村民委员会或者民政部门同意。

第三十四条 监护人的职责是代理被监护人实施民事法律行为，保护被监护人的人身权利、财产权利以及其他合法权益等。

监护人依法履行监护职责产生的权利，受法律保护。

监护人不履行监护职责或者侵害被监护人合法权益的，应当承担法律责任。

因发生突发事件等紧急情况，监护人暂时无法履行监护职责，被监护人的生活处于无人照料状态的，被监护人住所地的居民委员会、村民委员会或者民政部门应当为被监护人安排必要的临时生活照料措施。

11. 父母抵押未成年子女房产的行为有效吗?

陈强和李莎（化名）原是夫妻关系，二人于2013年登记结婚。婚姻期间，陈强父亲赠与了一套房屋（以下简称涉案房屋）给二人的婚生子小明，并登记在小明名下。2018年，双方感情破裂，经法院调解离婚，小明由母亲李莎抚养。

后来陈强发现，涉案房屋在2019年4月被设立抵押登记。经了解得知，李莎因经营资金周转困难，找到朋友王芳借了200万元并签订《抵押借款合同》，合同约定李莎以涉案房屋作为抵押，办理了不动产抵押登记。原来，李莎对陈强隐瞒了关于借款以及房屋抵押的事，还在《授权委托书》《保证书》《抵押借款合同》等文件中冒充陈强的签名，伪造公证书等文件。陈强认为李莎的行为侵犯了自己和小明的权益便起诉到法院。后经法院审理查明，判决李莎与王芳签订的《抵押借款合同》中的抵押部分无效，李莎和王芳协助小明办理注销涉案房屋的抵押登记。

以自己未成年子女的房产设定抵押，在什么情形下有效或无效呢?

律师说法

父母抵押其未成年子女名下房产的行为，原则上应认定为无效。《民法典》第 35 条第 1 款明确了监护人履行监护职责的基本要求之一，即按照最有利于被监护人的原则履行监护职责。除为维护被监护人利益外，监护人不得处分被监护人的财产。以未成年人的监护人职责为例，该条款旨在避免未成年人的父母，以管理未成年子女的财产为理由，不当处分其财产，损害未成年子女的利益。如果没有证据证明抵押未成年子女名下房屋的行为确实是为了子女的利益，例如为子女筹措教育费用、医疗救治费用等；那么，父母抵押未成年子女名下的房产，不属于纯获利的行为，而且存在较大风险，一般都不认为是为了维护未成年子女的利益，其行为应属无权代理，该代理行为无效。

本案中，涉案房屋是小明个人所有，除了维护小明个人利益外，陈强和李莎均无权处分房屋。李莎由于自己资金周转困难，擅自抵押属于小明个人的房屋，所借得的款项实际也并未用于小明的生活、教育、医疗等所需，并非为了维护小明的利益，其行为侵犯了小明财产的合法权益。而王芳明知李莎用以抵押的涉案房屋是属于其未成年子女小明的，作为抵押权人有义务去考量李莎抵押小明的房产是否符合被监护人利益；而实际上，合同载明借款用作资金周转，明显不是为了小明利益，王芳仍选择与李莎签订合同，存在过失，不能认定为善意抵押人。而且李莎伪造文书以及冒签的行为自始不发生法律效力，其为案涉房屋办理抵押的行为属无权处分。因此，李莎和王芳签订的《抵押借款合同》中的抵押部分无效。

除了《民法典》第 35 条第 1 款，该条第 2 款、第 3 款也明确了监护人履行监护职责的基本要求，就是尊重被监护人的真实意愿和自主决定权。例如，14 岁的学生自己写作并发表文章获得的稿酬属于其个人财产，他可将该笔收入用于购买自己喜欢的玩具，也可以捐赠给慈善机构。父母作为监护人应尊重他的意愿，并按照他的真实意愿去处理这笔稿酬。从该条第3款中我们也可以看出，对于成年人的被监护人来说，监护人的主要职责更多的是辅助、协助被监护人实施与其智力、精神健康状况相适应的民事法律行为，更能体现对被监护人的尊重。

生活小贴士

生活中，有部分家长为了给孩子的未来留一份保障，在购房时直接将房屋登记在未成年子女的名下，房屋则属于未成年子女的个人财产。父母在购买房屋和办理贷款前需要谨慎注意风险。正如上文所述，除为维护被监护人的利益，在子女成年之前，作为监护人的父母是不能随意处置子女的房屋的，包括抵押、交易等。如果子女成年后对年老的父母不履行赡养义务，但由于房屋所有权人是子女，父母也难以收回房屋的所有权。因此，除了在购房时直接将房屋登记在未成年子女名下，还可以选择在子女成年后，通过赠与、遗嘱等方式将房屋所有权转移给子女。

法律直通车

《中华人民共和国民法典》

第三十五条 监护人应当按照最有利于被监护人的原则履行监护职责。监护人除为维护被监护人利益外，不得处分被监护人的财产。

未成年人的监护人履行监护职责，在作出与被监护人利益有关的决定时，应当根据被监护人的年龄和智力状况，尊重被监护人的真实意愿。

成年人的监护人履行监护职责，应当最大程度地尊重被监护人的真实意愿，保障并协助被监护人实施与其智力、精神健康状况相适应的民事法律行为。对被监护人有能力独立处理的事务，监护人不得干涉。

12. 单身母亲收养男孩需要年龄差吗?

周女士的丈夫在2018年因车祸离世，有一个女儿。2021年2月，刚满40岁的她打算在今年收养两个孩子：一是想帮助这些无父无母的孩子；二是也想给自己女儿找个伴。同年3月，周女士到福利院探望，和一对9岁双胞胎男孩特别投契，便萌生了收养的想法。没想到，却遭到了工作人员的拒绝，称其与被收养儿童年龄差距过小，不符合收养条件。周女士不愿放弃，打算先问律师咨询一下收养方面的法律规定。

周女士能顺利收养这一对双胞胎男孩吗?

律师说法

《收养法》(现已失效)规定，无配偶的男性收养女性的，收养人与被收养人的年龄应当相差40周岁以上。这条规定本意是保护未成年女性的权益,但同时也疏忽了对未成年男性的保护。2021年《民法典》对《收养法》的规定进行了修改，将无配偶男性收养女性的年龄限制修改为对无配偶者收养异性子女的限制，注重平衡对未成年女性和男性的保护。具体体现在《民法典》第1002条："无配偶者收养异性子女的，收养人与被收养人的年龄应当相差四十周岁以上。"

在本案中，年满40周岁的周女士和她想收养的双胞胎年龄差只有31岁，不符合"无配偶者收养异性子女的，收养人与被收养人的年龄应当相差四十周岁以上"的收养条件。因此，周女士无法收养这一对双胞胎男孩。

生活小贴士

在收养子女前，应先了解清楚自己是否符合收养条件：（1）无子女或只有一名子女；（2）有抚养、教育和维护被收养人的能力；（3）未患有在医学上以为不应当收养子女的疾病；（4）无不利于被收养人健康成长的违法犯罪记录；（5）年满30周岁；（6）无配偶者收养异性子女年龄应当相差40周岁以上。

《民法典》对被收养人同意的年龄也从10周岁改为了8周岁，建议收养人在收养前提前和被收养人接触，征得其同意，避免发生手续办齐但被收养人拒绝被收养的窘况。

对于年满14周岁以上的未成年人，《民法典》也作出了修改，将其纳入被收养人的范围内，14周岁至18周岁的未成年人也有机会被收养。

法律直通车

《中华人民共和国民法典》

第一千零九十八条 收养人应当同时具备下列条件：

（一）无子女或者只有一名子女；

（二）有抚养、教育和保护被收养人的能力；

（三）未患有在医学上认为不应当收养子女的疾病；

（四）无不利于被收养人健康成长的违法犯罪记录；

（五）年满三十周岁。

第一千一百条 无子女的收养人可以收养两名子女；有子女的收养人只能收养一名子女。

收养孤儿、残疾未成年人或者儿童福利机构抚养的查找不到生父母的未成年人，可以不受前款和本法第一千零九十八条第一项规定的限制。

第一千一百零二条　无配偶者收养异性子女的，收养人与被收养人的年龄应当相差四十周岁以上。

第一千一百零四条　……收养八周岁以上未成年人的，应当征得被收养人的同意。

第二节　遗产继承

1. 没有遗嘱，叔侄之间能继承遗产吗？

王大爷是四川人，他的老婆孩子都不幸在2008年那场大地震中逝世。年纪大了的他并没有选择再婚，而是一个人生活。近年来，他那些幸存下来的亲人们也相继离世，仅剩他的侄子王勇在世。

王大爷平时喜欢在家练书法和到公园下象棋。王勇也时常来他家看望他，陪他聊天，对王大爷照料有加。2021年2月，王大爷上街买菜时不幸遭遇车祸身亡。王勇在悲伤中料理好后事后，面对王大爷价值百万元的房子却又犯了难。王大爷平时身体健康、精神饱满，从未想过订立遗嘱或者有明确表示死后想将财产捐赠。

那么，王勇可以继承叔叔的房屋吗？

律师说法

1985年颁布的《继承法》规定："被继承人的子女先于被继承人死亡

的，由被继承人的子女的晚辈直系血亲代位继承。代位继承人一般只能继承他的父亲或者母亲有权继承的遗产份额。”例如，爸爸先于爷爷去世，则由孙子代替爸爸按爸爸应继承的份额去继承爷爷的遗产，此为代位继承。但《继承法》没有将被继承人的兄弟姐妹的子女即侄、甥一辈纳入代位继承权的范围，这与当时的时代背景有着密不可分的联系。1982年计划生育正式实施之前，我国尚处于改革开放初期，物质财富匮乏且财富种类单一，家族式家庭结构较为普遍。《继承法》将被代位人的范围限缩为被继承人的子女，没有规定侄子女、甥子女的代位继承权。

然而，计划生育与独生子女政策的长期推行导致许多家庭只有一个子女。从现有人口结构看，20世纪五六十年代出生的人已经步入老年，那一代人的兄弟姐妹较多，而随着计划生育政策的实施，那一代人的下一代许多是独生子女。据不完全统计，目前的“失独”家庭至少已超百万。而在“失独”家庭的夫妻均死亡时，原则上已无第一顺位继承人。如果兄弟姐妹也早于其死亡，则会导致财产无人继承的现象大量出现。而面对侄子女、甥子女能否继承叔、伯、姨、舅一辈遗产的问题时亦出现立法上的空缺，不仅不利于公民私有财产继承权的保护，也阻碍代位继承制度的发展。

《民法典》新增规定：“被继承人的兄弟姐妹先于被继承人死亡的，由被继承人的兄弟姐妹的子女代位继承。”相对于当代老一辈被继承人而言，兄弟姐妹与被继承人是最近的旁系血亲，兄弟姐妹的子女也与被继承人较为亲近，在老一辈被继承人的子女先于其死亡，且没有晚辈直系血亲可以继承遗产的情况下，与他们存在血缘关系的侄子女、甥子女往往成为最优考虑。《民法典》的新增规定体现了《民法典》对被继承人财产应更多在血亲家族内流转的人文关怀和对私有财产的尊重，有利于在全社会形成尊老爱幼、重视亲情的良好风尚。

因此，按照《民法典》的规定，王勇是能够继承王大爷的房产的，王勇无需担心房子无法过户而最终收归国家所有的问题。

生活小贴士

《民法典》扩大了代位继承人的范围，固然有利于财产在家族内流转，发挥最大的效用，避免“充公”。但从法律条文规定到实际运用，还有很长的路要走。因为代位继承仅发生在法定继承中，作为第二顺序的“兄弟姐妹”的子女（即侄子女、甥子女），无论是从打官司的角度还是去办理公证的角度，都需要侄子女、甥子女证明被继承人第一顺序的继承人及其作为第二顺序继承人的兄弟姐妹均已先于被继承人死亡或者书面表示放弃继承。

而现实中，随着经济的发展以及城镇化进程加快，更多的情况是家族中的成员早已分家立户，各自生活在不同的城市甚至是国外，又或是家族成员内不和睦，继承人的死亡证明、火化证明等资料不一定都能出具齐全，从而导致难以举证证明侄子女、甥子女继承的合法性。因此，我们应充分发挥遗嘱的效用，通过遗嘱继承的事先、自主的安排，排除后顾之忧。

法律直通车

《中华人民共和国民法典》

第一千一百二十七条　遗产按照下列顺序继承：

（一）第一顺序：配偶、子女、父母；

（二）第二顺序：兄弟姐妹、祖父母、外祖父母。

继承开始后，由第一顺序继承人继承，第二顺序继承人不继承；没有第一顺序继承人继承的，由第二顺序继承人继承。

本编所称子女，包括婚生子女、非婚生子女、养子女和有扶养关系的继子女。

本编所称父母，包括生父母、养父母和有扶养关系的继父母。

本编所称兄弟姐妹，包括同父母的兄弟姐妹、同父异母或者同母异父的兄弟姐妹、养兄弟姐妹、有扶养关系的继兄弟姐妹。

第一千一百二十八条 被继承人的子女先于被继承人死亡的，由被继承人的子女的直系晚辈血亲代位继承。

被继承人的兄弟姐妹先于被继承人死亡的，由被继承人的兄弟姐妹的子女代位继承。

代位继承人一般只能继承被代位继承人有权继承的遗产份额。

2. 打印的遗嘱有法律效力吗?

老刘和他的妻子育有两个儿子，妻子不幸因病于2017年去世。老刘的妻子去世后，两个儿子对老刘不闻不问，唯独侄子小刘对他关怀备至，尽心尽力地照顾老刘。2019年10月15日，小刘到家中探望老刘时，老刘向小刘诉说自己的两个儿子不孝，并明确表示不愿将财产留给自己的儿子继承，想要将财产留给小刘。于是，老刘当着小刘的面订立了一份遗嘱，内容为：老刘死后全部财产由小刘继承。老刘让小刘将自己所述的遗嘱内容录入电脑并打印。后老刘在打印的遗嘱上签名并写了日期，并叫来一名邻居作为见证人在遗嘱上签名，小刘也作为遗嘱见证人在遗嘱上签了名。

2021年2月1日，老刘去世，小刘与老刘的儿子就遗产继承发生纠纷，小刘认为老刘的遗产应由自己继承，因老刘所立的遗嘱是他真实的意思表示，是合法有效的。而老刘的儿子认为小刘无权继承财产，理由是该打印遗嘱是无效的，老刘的财产应按照法定继承的方式进行处理。于是小刘起诉至法院，要求按照老刘于 2019 年 10 月 15 日所立的遗嘱继承老刘的财产。

律师说法

随着电脑及打印设备越来越普及，用电脑打印的方式订立遗嘱也越来越普遍。为适应实践的发展，《民法典》相较于原来的《继承法》，新增了打印遗嘱这一遗嘱订立形式，目前一共有 6 种遗嘱形式，分别是：自书遗嘱、代书遗嘱、打印遗嘱、录音录像遗嘱、口头遗嘱、公证遗嘱。因此，在《民法典》实施后订立的遗嘱，只要符合打印遗嘱的订立条件，打印遗嘱就是有效的。那么，在上述案例中，老刘在《民法典》实施前通过打印的形式订立的遗嘱，效力又当如何认定呢？

《最高人民法院关于适用〈中华人民共和国民法典〉时间效力的若干规定》第 15 条规定："民法典施行前，遗嘱人以打印方式立的遗嘱，当事人对该遗嘱效力发生争议的，适用民法典第一千一百三十六条的规定，但是遗产已经在民法典施行前处理完毕的除外。"由此可见，在《民法典》施行前所订立的打印遗嘱（遗产未处理完毕）是否有效，需看打印的遗嘱是否符合《民法典》第 1136 条的规定，即"打印遗嘱应当有两个以上见证人在场见证。遗嘱人和见证人应当在遗嘱每一页签名，注明年、月、日"。此外，对于遗嘱见证人的担任条件，《民法典》也有明确的要求，即"（一）无民事行为能力人、限制民事行为能力人以及其他不具有见证能力的人；（二）继承人、受遗赠人；（三）与继承人、受遗赠人有利害关系的人"不可作为遗嘱的见证人。

在案例中，虽然有邻居和侄子作为见证人在打印遗嘱上签了名，但是打印遗嘱在订立的过程中，邻居并未在场见证，且根据法律的规定，小刘作为遗嘱的继承人不可以同时作为遗嘱的见证人签名，因此老刘所订立的打印遗嘱不符合《民法典》的形式要件，应被认定为无效。

生活小贴士

以电脑打印的方式订立遗嘱虽然方便快捷，但是打印遗嘱是否有效有严格的认定条件。一方面，打印遗嘱需要两名以上见证人在场，遗嘱人和见证人都要在打印遗嘱的每一页上签名，并注明年、月、日；另一方面，作为打印遗嘱的见证人需具备见证的能力，且见证人必须是继承人、受遗赠人以及与继承人、受遗赠人有利害关系的人以外的其他人。若在订立打印遗嘱的过程中稍不注意其中一个小细节，看似有效的打印遗嘱将会变为一张“废纸”。因此，以打印的方式订立遗嘱并非值得推荐的方式，建议采用公证的方式订立遗嘱，避免遗嘱日后被认定为无效。

以打印方式订立的遗嘱，若非遗嘱人亲自打印操作，在签名时需仔细核对打印的遗嘱内容，确认是自身真实的意思表示，避免打印的遗嘱出现删改、编造等损害自身权利的情形。

法律直通车

《中华人民共和国民法典》

第一千一百三十六条 打印遗嘱应当有两个以上见证人在场见证。遗嘱人和见证人应当在遗嘱每一页签名，注明年、月、日。

第一千一百四十条 下列人员不能作为遗嘱见证人：

（一）无民事行为能力人、限制民事行为能力人以及其他不具有见证能力的人；

（二）继承人、受遗赠人；

（三）与继承人、受遗赠人有利害关系的人。

《最高人民法院关于适用〈中华人民共和国民法典〉时间效力的若干规定》

第十五条 民法典施行前，遗嘱人以打印方式立的遗嘱，当事人对该遗嘱效力发生争议的，适用民法典第一千一百三十六条的规定，但是遗产已经在民法典施行前处理完毕的除外。

3. 遗嘱公证后又立自书遗嘱，哪份有效？

老李的老伴前些年因癌症离世，膝下有一女儿。后来与同村的张婆婆搭伙过日子，但一直没领结婚证。2021 年 3 月，老李检查出了肝癌晚期，于是订立了遗嘱将家里 2 套房产、车子等都留给女儿，并进行了公证。

同年 6 月，老李的身体每况愈下。面对悉心照顾的老伴，担心其在自己离开后失去生活保障，于是在医院又亲笔写了一份遗嘱，把原本留给女儿的 1 套房子留给张婆婆。

2 个月后，老李与世长辞。女儿小李却和张婆婆起了争执。小李认为她持有的遗嘱经过公证，效力优先；张婆婆却说遗嘱应以最新的为准。两人扬言要闹到法院去。一份是公证遗嘱，一份是自书遗嘱，应该以哪份为准？张婆婆可以得到一套房产安度晚年吗？

律师说法

遗嘱，是当事人在生前按照自己的遗嘱处分本人的财产，并于本人死亡时生效的法律行为。立遗嘱本身就是当事人意思自治的表现，在现实生活中，很多人立了公证遗嘱后又改变了想法，但是苦于无法办理公证，只能以前一份公证遗嘱为准。这是对遗嘱人自由意志的违背和不尊重。

为最大限度尊重当事人的意思表示,《民法典》新增规定，立遗嘱后，遗嘱人实施与遗嘱内容相反的民事法律行为的，视为对遗嘱相关内容的撤回。立有数份遗嘱，内容相抵触的，以最后的遗嘱为准。也就是说,《民法典》取消了公证遗嘱的优先效力，更为尊重遗嘱人的意思自治。

本案中，虽然老李先前已立了公证遗嘱，但在后来改变想法另立了自书遗嘱。亲笔书写并签名。因内容与公证遗嘱的内容相悖，视为对公证遗嘱相关内容的撤回。以最后一份遗嘱也就是自书遗嘱为准，因此，根据《民法典》的最新规定，张婆婆是可以继承老李的一套房产安度晚年的。

生活小贴士

虽然《民法典》新规定取消了公证遗嘱的优先效力，也并不代表后立的自书遗嘱就必然有效。根据《民法典》第 1134 条的规定，自书遗嘱由遗嘱人亲笔书写，签名，注明年、月、日。也就是说，自书遗嘱的生效还需要符合三点:（1）需由遗嘱人亲笔书写;（2）遗嘱人需在遗嘱上亲笔签名;（3）遗嘱需注明立遗嘱时的年、月、日。

遗嘱是体现当事人意思表示的法律行为，但在现实生活中，存在很多因遗嘱人不在意遗嘱形式而导致所立遗嘱无法生效的窘况。如果产生了变更遗嘱的想法，则提前及时另立遗嘱，避免发生无法按照自己意愿分配财产的情况发生。

公证遗嘱的证明效力仍然重要。在现实生活中，也不是每一份自书遗嘱都能证明其真实性。如果存在数份遗嘱，且真实性都无法证明的情况下，公证遗嘱形式严谨、证明力强的优势就显现了出来。因此，在情况允许的情况下，每一次更改遗嘱都应去公证机关作公证，以保障当事人意思表示最大限度实现。

法律直通车

《中华人民共和国民法典》

第一千一百三十四条　自书遗嘱由遗嘱人亲笔书写，签名，注明年、月、日。

第一千一百四十二条　遗嘱人可以撤回、变更自己所立的遗嘱。

立遗嘱后，遗嘱人实施与遗嘱内容相反的民事法律行为的，视为对遗嘱相关内容的撤回。

立有数份遗嘱，内容相抵触的，以最后的遗嘱为准。

4. 网络虚拟财产能作为遗产继承吗?

小陈是一名90后的程序员，经常加班到深夜。某天，小陈因为体力不支晕倒被送进了医院。出院后，小陈担心自己哪天因为高强度的工作导致意外猝死，希望能够通过订立遗嘱的方式，安排好自己的财产。

小陈向遗嘱公证机关咨询："您好，我想立一份遗嘱，我的一款网游玩了8年多，花了很多时间、精力，里面的网络游戏装备现在已经价值八九万元了！这些能够写进遗嘱吗？"经工作人员回复，得知可以后，他决定把自己的网络游戏装备留给经常和自己一起玩网游的表弟。小陈顺利办理完公证并告知了表弟，表弟却觉得小陈那么年轻，这么做只是杞人忧天，多此一举。但意外就是这么的突然，三个多月后，小陈因为突发脑出血去世了。

网络虚拟财产能作为遗产继承吗?

律师说法

一个人活着的时候对属于自己的财产享有所有权，但生老病死不可避免，当他死亡后，他个人所有的财产就会成为遗产；遗产是被继承人遗留的财产或财产性权益，像是被继承人的人身性权利不属于遗产的范围，例如著作权中的署名权就是人身性权利，不得作为遗产被继承。

需要注意的是，《民法典》第 1122 条第 1 款规定，遗产是自然人死亡时遗留的个人合法财产。也就是说，必须是合法的财产才能纳入遗产范围；如果是被继承人生前通过盗窃、抢劫、诈骗等不法手段取得的，那么这些财产不具备合法性，不得作为遗产。最后，遗产必须是被继承人死亡时遗留的个人财产，如果是他人所有的财产或者家庭共有的财产都不属于遗产范围。

《民法典》第 1122 条第 2 款规定，依照法律规定或者根据其性质不得继承的遗产，不得继承。该款是从反面对遗产范围作出的规定，不得继承的遗产有两类：第一类是根据法律法规不得继承的遗产，例如指定受益人的保险金，如果被继承人生前作为被保险人购买的人寿保险指定了受益人，那么被继承人死亡后，保险金只能属于受益人，而不能作为被继承人的遗产来分配。第二类是根据其性质不得继承的遗产，主要是与被继承人人身有关的专属性权利，如前述的署名权。

本案中，小陈的网络游戏装备是虚拟财产。虚拟财产是一种数字化、非物质化、具备财产性的电子数据，这些数据经过特定条件可以被持有者进行交易、转让，从而当与现实生活的货币或者其他财产产生交易关联，其价值是可以被量化的。《民法典》明确了法律保护对数据、虚拟财产的保护。因此，小陈的网络游戏装备，只要是他生前的个人合法财产，若其不幸去世，可以作为遗产被继承。

在过去,《继承法》对于遗产的范围是采用“正面概括加列举”的模式，即先正面概括遗产的范围，然后列举遗产的主要财产形态。但随着社会的进步发展，老百姓的财产类型日益丰富，这样的遗产范围划分方式已经难以涵盖更多新的财产类型。《民法典》对此采取了“正面概括加反面排除”的模式，正面规定什么是遗产，即“遗产是自然人死亡时遗留的个人合法财产”；还从反面对不得继承的遗产作出了规定。实质就是在法无禁止即可为的情况下，以“合法的财产”一言概之，扩大了遗产的范围，顺应了社会经济和科技的发展，更好地保护了老百姓的合法财产权益。

生活小贴士

由于虚拟财产具有较强的隐私性，相比房产、车辆、存款这些传统类型的财产，更难确认和查找，导致老百姓在实际中难以继承。因此，被继承人可以通过订立遗嘱的方式对虚拟财产做出安排，避免在被继承人去世之后引起继承人之间不必要的纠纷，能够有效地让财产得以传承。

法律直通车

《中华人民共和国民法典》

第一百二十七条　法律对数据、网络虚拟财产的保护有规定的，依照其规定。

第一千一百二十二条　遗产是自然人死亡时遗留的个人合法财产。

依照法律规定或者根据其性质不得继承的遗产，不得继承。

5. 居委会有资格做遗产管理人吗?

老王是幸福村村民，一直独身生活。2018年初，无儿无女的他突发重病后生活难以自理，幸福居民委员会（同年由幸福村委会建制调整而成）便安排了人员照顾老王。没想到的是，老王此次得的是绝症，花费巨大。孤身一人的他只能拿出积蓄和房子来筹集医疗费。为了卖房子，老王委托了房屋中介找到了合适的买家小李。

双方谈好后便于2018年2月1日签订了《房屋买卖协议》，约定将老王名下的房屋卖给小李。付款后一周，小李便住进了房子。拿到卖房款的老王马上给自己预约了手术时间，然而世事难料，还未来得及办理过户手续，老王就因治疗无效去世，留下了未过户的房子和一些其他财产。

老王去世，又无继承人，这未过户的房子成了小李的心事。为了能过户，小李四处打听询问，走投无路便找到了曾经照顾老王的幸福居委会。居委会也不明所以，尽管知道老王曾为了医疗费把房子卖给了小李，但也不知从何帮助小李办理过户手续。求助无门，小李只好将居委会诉至法院，请求判定其办理过户手续。问题是，居委会有资格做遗产管理人吗？

律师说法

随着我国经济的高速发展，我国国民的收入水平也大幅度提高，居民所拥有的财产数量不断增多，财产种类、形式也趋于多样化、复杂化。除了房子、车子和存款，大部分人还拥有股票债券、虚拟财产、知识产权、股权等各种形态的财产权益。然而面对如此多种类的财产，并非所有财产持有人都能在离世前留有有效遗嘱并妥善处理自己的财产。被继承人死亡后遗产交付前，遗产若处于无人管理或未能获得妥善管理的状态，对家庭和睦、社会和谐都是极大的挑战。像老王这种无继承人的情况，债权债务若不能及时得到主张或履行，则更加难以保障遗产权利人的利益，实现遗产公平分配。

在《民法典》出台之前，我国没有设立专门的遗产管理人制度，仅在《继承法》中规定了遗嘱执行人，并未规定遗产管理人。从定义上看，遗嘱执行人的主要职责就是执行遗嘱；遗产管理人是指对死者遗产负责保存和管理的人；二者均为管理遗产所设立了管理遗产所设。但是，遗嘱执行人只适用于遗嘱继承的情形，而遗产管理人适用范围则更宽广，包括法定继承、遗嘱继承、遗赠等情形。

《民法典》颁布后，新增遗产管理人制度填补了过往继承立法的漏洞，在第 1145 条至第 1149 条分别规定了遗产管理人的确定、争议解决程序、职责、法律责任以及报酬问题的框架性法律规则。其中第 1145 条至第 1146 条对遗产管理人的产生程序作出了规定，遗产管理人可通过以下程序产生：遗嘱继承中被继承人所立遗嘱指定有遗嘱执行人的，遗嘱执行人为遗产管理人；没有指定遗嘱执行人的遗嘱继承及法定继承中，由继承人推选遗产管理人；没有指定遗嘱执行人的遗嘱继承及法定继承中，如果继承人未推选遗产管理人的，由继承人共同担任遗产管理人；没有继承人或继承人均放弃继承的，由被继承人生前住所地的民政部门或者村民委员会担任遗产管理人；对遗产管理人的确定有争议的，利害关系人可以向人民法院申请指定遗产管理人。

本案中，老王无继承人又无遗嘱执行人，老王生前住所地的幸福居委会作为基层组织，与老王联系密切并给予过关怀照料，因此幸福居委会是本案最合适的遗产管理人。按照法律规定，幸福居委会有义务协助小李办理房屋过户手续。

经过上述分析，我们可以看到遗产管理人介入处理遗产事务不仅能有效减少各方争执，还能充分地调查、接管、处置遗产，维护各权利人的利益。随着遗产种类日趋多样，若遗产仍处于不稳定的状态，对社会稳定无疑是一种隐性的威胁。创设遗产管理人制度在平等保护各方合法权益的同时，更能有力地保障被继承人的意志得到贯彻执行。

生活小贴士

《民法典》赋予自然人生前订立遗嘱时，指定遗嘱的执行人及遗产管理人的权利。因此，在资产类别众多、资产数额较大、家庭财产状况复杂的情况下，立遗嘱人可在公证遗嘱中明确指定律师事务所或其他专业服务机构作为遗嘱执行人及遗产管理人。"遗嘱执行人""遗产管理人"作为《民法典》出台后新兴的法律业务，可以避免遗嘱在执行过程中产生纠纷，保证遗产得到妥善管理、顺利分割，从而减轻继承人、债权人的负担和诉累。

法律直通车

《中华人民共和国民法典》

第一千一百四十五条 继承开始后，遗嘱执行人为遗产管理人；没有遗嘱执行人的，继承人应当及时推选遗产管理人；继承人未推选的，由继承人共同担任遗产管理人；没有继承人或者继承人均放弃继承的，由被继承人生前住所地的民政部门或者村民委员会担任遗产管理人。

第一千一百四十六条 对遗产管理人的确定有争议的，利害关系人可以向人民法院申请指定遗产管理人。

第一千一百四十七条 遗产管理人应当履行下列职责：

（一）清理遗产并制作遗产清单；

（二）向继承人报告遗产情况；

（三）采取必要措施防止遗产毁损、灭失；

（四）处理被继承人的债权债务；

（五）按照遗嘱或者依照法律规定分割遗产；

（六）实施与管理遗产有关的其他必要行为。

第一千一百四十八条　遗产管理人应当依法履行职责，因故意或者重大过失造成继承人、受遗赠人、债权人损害的，应当承担民事责任。

第一千一百四十九条　遗产管理人可以依照法律规定或者按照约定获得报酬。

6. 如何理解继承中的“宽恕”和“默认”？

周某（女）与蔡某（男）于1987年开始同居生活，育有一女蔡小花、一子蔡华。2000年，周某独自带女儿蔡小花离家失联。2016年12月，蔡某因交通事故死亡，生前未留有遗嘱。周某和女儿蔡小花诉至法院，要求继承蔡某的遗产。

终审法院经审理认为，周某与蔡某系事实婚姻关系，周某作为蔡某的配偶，本应依法享有继承权。但是，周某带着女儿蔡小花离家出走16年之久，直至蔡某去世才回来，蔡某独自抚养儿子蔡华直至其成年。周某作为妻子，作为母亲，未尽到夫妻之间的扶助义务，亦未对儿子蔡华尽到抚养照顾义务，对家庭更无任何贡献。周某在离家期间还与他人长期同居生活并生育子女，给蔡某和儿子蔡华精神上造成严重的伤害，其行为系长期遗弃被继承人及家庭。同时，周某回来后不久即因财产分割问题与儿子蔡华产生纠纷，其回来的目的并非与家庭成员团聚和履行家庭义务。故综合考虑以上情节，法院判定周某无权继承蔡某的遗产。女儿蔡小花在年幼时被母亲周某带离家庭，未能与父亲共同生活，主观上并无过错。但是，鉴于女儿蔡小花在其成年后未对父亲和弟弟尽到陪伴照顾义务，应适当降低其遗产继承比例，酌定蔡小花与蔡华按照2:8的比例分割蔡某的遗产。遂撤销一审判决，依法予以改判。

在这例继承案中，法院是按照何种规则和原则进行判决的呢？

律师说法

按照我国法律权利义务相一致的原则，夫妻一方在取得配偶继承权的同时，亦应与配偶相互扶助，尽到对子女、家庭的抚养、照料义务。本案中，周某离家出走16年，存在遗弃配偶与儿子的情形，未尽到为人妻、为人母的责任，符合法律规定中因遗弃继承人而丧失继承权的规定，同时周某在出走期间与他人共同生活并生育子女，亦背离了夫妻忠实义务。蔡某生前周某未尽义务，死后周某却要继承蔡某的遗产，于情、于理、于法，其主张均不应得到支持。如果周某在蔡某生前回归家庭与其继续生活，修补相互间的夫妻关系，有明显的悔改表现，取得蔡某的宽恕，那么依照《民法典》第1124条的规定取得被继承人的谅解后可以恢复继承权。

对于二人的女儿蔡小花，她是蔡某第一顺序的法定继承人，蔡某离世后继承就开始了，继承人蔡小花并没有在遗产处理前，以书面形式作出放弃继承的表示；没有表示的，视为接受继承，这就是继承中的默认。

生活小贴士

现实生活中为继承遗产杀害被继承人或其他继承人的案件偶见发生，

但往往都难逃法网，而遗弃、虐待被继承人、用非法手段妨碍被继承人立遗嘱或变更遗嘱的情况较为多见，而后者需要达到情节严重的情况才会丧失继承权。尊敬老人孝敬父母是中华民族的优良传统，我们应继承并发扬光大，所以法律才会对具有上述行为的继承人作出相应的惩罚。

法律直通车

《中华人民共和国民法典》

第一千一百二十四条　继承开始后，继承人放弃继承的，应当在遗产处理前，以书面形式作出放弃继承的表示；没有表示的，视为接受继承。

受遗赠人应当在知道受遗赠后六十日内，作出接受或者放弃受遗赠的表示；到期没有表示的，视为放弃受遗赠。

第一千一百二十五条　继承人有下列行为之一的，丧失继承权：

（一）故意杀害被继承人；

（二）为争夺遗产而杀害其他继承人；

（三）遗弃被继承人，或者虐待被继承人情节严重；

（四）伪造、篡改、隐匿或者销毁遗嘱，情节严重；

（五）以欺诈、胁迫手段迫使或者妨碍被继承人设立、变更或者撤回遗嘱，情节严重。

继承人有前款第三项至第五项行为，确有悔改表现，被继承人表示宽恕或者事后在遗嘱中将其列为继承人的，该继承人不丧失继承权。

受遗赠人有本条第一款规定行为的，丧失受遗赠权。

第三章
合同管理

第一节　合同的签订与履行

1. 消费者通过快递柜取件构成保管合同关系吗?

丰某公司系一家智能快件箱运营企业，于2020年4月30日开始实施付费会员服务，付费会员可以享受超时收件服务，非会员超过12小时取件需收取费用。

2021年5月5日，小丽通过网络购买了一条项链准备送给母亲作为母亲节礼物，收件地址填写了阳光家园2栋502号房。2021年5月8日，快递员小强在派送小丽快递的时候嫌麻烦，在未事前征得小丽同意的情况下，擅自将小丽的包裹投递入阳光家园门口旁边的丰某智能快件箱。投递完毕后，小丽收到丰某公司短信通知，并于2021年5月10日根据通知前往前述丰某智能快递箱领取快递。小丽在领取快递时，发现丰某智能快件箱的显示屏上显示了《丰某服务协议》，需要小丽点击确认该协议并支付超时保管费人民币1元。其中该协议中明显提示含有如下条款："如快递员未经您同意将快递物品投入丰某智能快件箱，请您及时联系快递员上门派件或与快递员另行约定其他处理方式。"小丽考虑到项链这种贵重物品处于丰某公司的实际控制之下，"迫于无奈"选择接受了该协议并支付了保管费1元。完成前述步骤后，小丽终于拿到了快递。

在这以后，小丽虽心有不甘，但还是在 2021 年 5 月至 8 月期间陆续使用丰某智能快件箱 30 余次。后面小丽在与律师朋友沟通过程中，发现丰某公司的行为有可能涉及利用优势地位胁迫、强迫小丽与其签订保管合同。而且其是与快递公司订立保管合同后，再与小丽订立保管合同，涉及双向收费，均违背了民事合同的诚实信用原则。了解到前述情况后，小丽心里愤愤不平，将丰某公司起诉至人民法院，诉请与丰某公司订立的保管合同无效，并要求丰某公司返还 2021 年 5 月 10 日支付的保管费人民币 1 元。

小丽通过丰某取件，构成了保管合同关系吗？如构成，保管合同合法有效吗？

律师说法

自丰某公司 2020 年 4 月 30 日开始实施付费会员服务起，丰某公司便深陷舆论风波，引起了社会上不少人的不满。北京、上海等地的多个小区甚至直接宣布停用丰某快递箱，多地的市场监督部门频频强调快递入箱需要经过收件人同意。

那么，在未征得收件人同意的情况下，快递公司能否将快递直接投递在智能快递箱中呢？答案是不能。因为根据《快递暂行条例》第 25 条和《智能快件箱寄递服务管理办法》第 22 条之规定可知，在未征得收件人同意的情况下，快递公司是不能擅自将快递直接投递于智能收件箱中的。

具体到上述案例，小丽是否已经与丰某公司订立了有效的保管合同呢？目前的司法实践是支持小丽与丰某公司订立的保管合同合法有效。首先，小丽与丰某公司订立的保管合同中已明确约定："如快递员未经您同意将快递物品投入丰某智能快件箱，请您及时联系快递员上门派件或与快递员另行约定其他处理方式”，小丽在已阅读前述条款的情况下，其有权利去选择是否接受该条款，故此条款并非强制性的“霸王条款”。而且小丽在知悉该条款的情况下依旧选择接受合同条款并支付保管费，甚至从此以后多次选择通过智能快递箱取件，足以证明其选择智能快递箱进行取件是其真实的意思表示。其次，小丽主张其与丰某公司订立的保管合同不存在法定的无效事由。综上所述，小丽不能主张其与丰某公司订立的保管合同无效且要求丰某公司返还保管费用。

生活小贴士

当收件人首次收到丰某公司的取件通知时，收件人有权拒绝与丰某公司订立保管合同，并拒绝接受丰某公司的有偿服务，要求快递公司按照快递服务合同约定的方式派件或者与快递员另行约定其他的方式进行处理。如已与丰某公司订立了保管合同，收件人可以直接联系丰某公司解除与其订立的保管合同并拒绝将此后的快递放入丰某智能快件箱。

为更好地保护消费者的知情权及选择权，减少纠纷的产生，丰某公司应在显著位置告知取件人，如消费者不愿意使用丰某智能快件箱，可直接按照其提供的简便方式要求协助通知快递员取出快递重新派送并拒绝全部快递入柜。

法律直通车

《中华人民共和国民法典》

第八百八十八条　保管合同是保管人保管寄存人交付的保管物，并返还该物的合同。

寄存人到保管人处从事购物、就餐、住宿等活动，将物品存放在指定场所的，视为保管，但是当事人另有约定或者另有交易习惯的除外。

第八百九十七条 保管期内，因保管人保管不善造成保管物毁损、灭失的，保管人应当承担赔偿责任。但是，无偿保管人证明自己没有故意或者重大过失的，不承担赔偿责任。

《快递暂行条例》

第二十五条 经营快递业务的企业应当将快件投递到约定的收件地址、收件人或者收件人指定的代收人，并告知收件人或者代收人当面验收。收件人或者代收人有权当面验收。

《智能快件箱寄递服务管理办法》

第二十二条 智能快件箱使用企业使用智能快件箱投递快件，应当征得收件人同意；收件人不同意使用智能快件箱投递快件的，智能快件箱使用企业应当按照快递服务合同约定的名址提供投递服务。寄件人交寄物品时指定智能快件箱作为投递地址的除外。

2. 分期付款的买方不按期付款，卖方该怎么办？

小宋是一名在广州上学的大学生，平时喜欢打篮球，特别钟爱篮球鞋。一天，小宋在某网络商城上看到某品牌出了一双新款篮球鞋，一眼就被它新颖的款式吸引了，想着如果能穿上它在球场上打球，肯定能够“每投必中”。但看到价格，小宋犹豫了，一双篮球鞋2000元，抵他一个月的生活费，而且小宋作为学生，身上并没有积蓄，一次性也拿不出这么多钱。于是，小宋使用网络借贷平台的“白条”模式，以分期付款的方式购买了这款篮球鞋，篮球鞋总价款2000元，小宋分10期付款。

小宋在某网络商城填写了收货地址后，某网络商城按约定地址发货。两天后，小宋如约收到了心爱的篮球鞋。后来，小宋按期支付了 7 次价款(共计 1400 元)，因篮球鞋在打球的时候损坏，小宋便停止支付尾款。某网络商城催促小宋还款无果后，将其告上法庭。

律师说法

随着互联网的不断发展，分期付款的买卖方式在网购中越来越常见，各大电商平台均有向消费者提供分期付款的服务。分期付款的方式能让消费者在手头无充足资金的情况下，买到自己心仪的商品。

采用分期付款方式购买商品，如果买卖双方没有特别约定商品的归属问题，商品的所有权自商品交付时起转移。在上述案例中，小宋填写的收货地址是小宋与某网络商城约定的交付地点，自小宋在该地点收到篮球鞋时，小宋就享有篮球鞋的所有权，可以自由使用篮球鞋。后续小宋因为篮球鞋在使用过程中损坏而拒绝支付剩余 600 元的款项，某网络商城该怎么办呢？

《民法典》第 634 条规定："分期付款的买受人未支付到期价款的数额达到全部价款的五分之一，经催告后在合理期限内仍未支付到期价款的，出卖人可以请求买受人支付全部价款或者解除合同。出卖人解除合同的，可以向买受人请求支付该标的物的使用费。"作为出卖方的某网络商城可以先催促小宋在合理期限内还款，若小宋仍不履行，可以要求其一次性支付剩余的全部价款或者解除合同，并要求小宋支付篮球鞋的使用费。

生活小贴士

消费者需注意采用分期付款方式购物，分期期数应在合理的范围内，而非越多越好，因为分的期数越多意味着所需支付的总体费用也越高。此外，消费者分期消费的，也应当根据自身能力，理性对待，避免超能力范围。

消费者采用分期付款方式购物的，一定要按时还款，避免逾期还款影响个人征信记录，从而影响之后买房等贷款申请。另外，消费者除了需记住每期的还款日之外，还需提前保障还款账户有足够的金额可以划扣，避免自动扣款失败导致个人征信受影响。

法律直通车

《中华人民共和国民法典》

第六百三十四条 分期付款的买受人未支付到期价款的数额达到全部价款的五分之一，经催告后在合理期限内仍未支付到期价款的，出卖人可以请求买受人支付全部价款或者解除合同。

出卖人解除合同的，可以向买受人请求支付该标的物的使用费。

第六百四十一条 当事人可以在买卖合同中约定买受人未履行支付价款或者其他义务的，标的物的所有权属于出卖人。

出卖人对标的物保留的所有权，未经登记，不得对抗善意第三人。

3. 买家和业主“跳单”，还要给中介费吗?

婚期将至，小刘经中介介绍，打算在广州市区购置一套价值450万元的二手房作为婚房。中介开出3%即十多万元的房屋交易中介费让本就手头不宽裕的小刘很是发愁，小刘表面上答应了中介支付中介费用的要求，却借着沟通的机会多次询问中介能否提供业主的电话，但中介始终以公司规定签单前不能提供买卖双方联系方式为由拒绝。小刘只能自己暗暗想办法。

终于，在一次中介约出来谈判的过程中，小刘趁双方告别握手的时候，偷偷将写有自己电话号码的小纸条塞到了业主手中。没想到，业主也嫌中介费太高，两人一拍即合，在几次电话和私下见面后，双方直接敲定了交易细节，顺利成交了房产。

之后中介联系小刘和业主，小刘告知中介自己已经另行购置了房产，而业主也告诉中介，房产已经卖出了。中介心生疑惑，暗中调查后发现，原来小刘和业主已经私下进行了交易。中介觉得自己为别人做了嫁衣，于是找到小刘和业主，要求他们支付中介费，但遭到了拒绝。那么，被跳单了，就不能请求支付中介费了吗？

律师说法

买家通过中介提供的服务选定房源后，故意绕开该中介直接与业主达成交易或通过其他中介与业主达成交易的现象，俗称为“跳单”。在一线城市房价不断上涨的形势下，高额的中介费让不少买家和业主都打起了“跳单”的主意，像小刘这种跳开中介后，私下和业主单线联系的情况并不是特例，对于客户来说，跳单的目的就是省下中介费。那么对于跳单行为，《民法典》又是如何认定的呢？跳单就不用支付中介费了吗？

不少人对支付中介费的条件会有误解，认为只有在中介协助完成过户并拿到产权证整个交易后，中介才有权收取中介费，只要在此之前抢先和对方直接签订合同，中介就没办法收取中介费。实际上，《民法典》第 961 条对中介合同有明确的定义：“中介合同是中介人向委托人报告订立合同的机会或者提供订立合同的媒介服务，委托人支付报酬的合同。”也就是说，中介人向委托人报告订立合同的机会或者提供订立合同的媒介服务，促成买卖双方签订买卖合同就已经完成了中介服务，满足了收取中介费的条件。对此，《民法典》第965条进一步对“跳单”作出了规定：“委托人在接受中介人的服务后，利用中介人提供的交易机会或者媒介服务，绕开中介人直接订立合同的，应当向中介人支付报酬。”由此可见，“跳单”并不能逃避支付中介费。

从法律规定来看，判断买卖双方是否存在“跳单”，最关键的就是委托方是否利用了中介人提供的房源等交易信息和机会来绕开中介公司订立合同。在上述案例中，小刘利用了中介提供的房源信息后，私底下与业主取得联系，从而订立合同，应当认定为属于《民法典》第965条的情形，需要支付中介费。

生活小贴士

买家或业主在跟中介签订服务协议时，需要注意查看协议内容，并遵守协议。现在有的房地产中介会在合同中约定“反跳单”条款，也就是禁止买家与业主私下完成房屋买卖的条款，甚至会约定“跳单”应支付的违约金。由于“反跳单”条款并未限制或排除一方的主要权利，所以这种条款虽属于中介预先拟定，并在订立合同时未与对方协商的格式条款，法院在实践中大部分还是认可“反跳单”条款的效力。如果买家或业主接受了中介的服务后跳单，违反了合同约定，仍然需要向中介支付中介费甚至违约金。

买家或业主可以委托多家中介提供服务，货比三家再决定提供服务的一方。现实中，中介公司众多且竞争激烈，委托人委托不同中介公司提供中介服务也很正常，属于正常的市场交易。如果委托人并未和中介公司签署独家代理协议，即使中介带看了相关的房屋，委托人仍可以通过其他正当渠道，例如网站、APP等公开途径获得同一房源信息，也同样有权利选择报价更低、服务更好的中介来促成交易。在这种情形下，委托人并无主观上的恶意，不构成“跳单”违约。

法律直通车

《**中华人民共和国民法典**》

第九百六十一条 中介合同是中介人向委托人报告订立合同的机会或者提供订立合同的媒介服务，委托人支付报酬的合同。

第九百六十五条 委托人在接受中介人的服务后，利用中介人提供的交易机会或者媒介服务，绕开中介人直接订立合同的，应当向中介人支付报酬。

4. 试用了几天的产品，还能退货吗?

老王在逛商场时，发现商场内的空气去湿器在搞推广活动，听完销售员的介绍，老王心动不已，但由于价格稍微高了些，老王犹豫不决，为此，销售员提出，因为是新款的空气去湿器，厂家为了拓宽销路，允许消费者试用一周，试用满意后再购买。老王被打动了，于是当天就从销售员处提走了一台空气去湿器回家试用。

在试用过程中，老王发现，该空气去湿器性能不错，但是运行起来噪声较大，有点影响睡眠，所以还是决定不购买该商品。在试用的第6天，老王给销售员打电话，告知其不购买的决定，请销售员取回该商品。但是销售员说，该商品已经由老王使用了快一周的时间，即便退回，也属于旧机器，没法二次销售所以拒绝取回。

老王无奈，只好联系厂家，但厂家也说既然没有质量问题，试用后就应该购买。

那么，老王到底能不能退该台机器？

律师说法

越来越多的新型消费方式出现在大家身边，许多商家推出先试后买的促销活动。但是，由买受人先行试用商品，在试用期满后向出卖人作出购买或不购买的表示的交易方式虽然能刺激消费、提高群众消费满意度，但也会给交易双方带来诸多法律风险。因此，需要在法律制度上对双方的利益进行平衡。

回到上述案例，老王的主张是符合现行《民法典》的规定的，根据《民法典》第638条第1款的规定，试用买卖的买受人在试用期内可以购买标的物，也可以拒绝购买。试用期限届满，买受人对是否购买标的物未作表示的，视为购买。由此可知，试用买卖合同在使用期限内，买受人对是否购买某件商品或产品，是享有购买选择权的，可以明确表示购买，则买卖合同生效，也可以明确选择拒绝购买，则买卖合同不生效。销售员与老王关于试用期间的约定为一周，也就是7天。老王在第6天，也就是在约定的试用期内，就明确提出不再购买，所以老王可以按照约定主张退货。销售员和厂家不让退货的说法是在强制消费者购买产品，不仅不符合双方的约定，强制购买的行为也得不到法律的支持。

生活小贴士

对于一些市面上的促销活动，大家在参与的过程中，一定要注意活动规则，采用先试用后购买的消费方式的，一定要与商家明确试用期的期限，避免不清楚试用期而未能及时表达购买选择权的情况出现。

不购买试用商品的，要在试用期内提出。

没有购买意愿的，在试用期内不要预付任何价款，也不要未经出卖人同意处分商品，否则在法律上会将这一行为评价为“购买推定”，即视为同意购买商品。

法律直通车

《中华人民共和国民法典》

第六百三十七条　试用买卖的当事人可以约定标的物的试用期限。对试用期限没有约定或者约定不明确，依据本法第五百一十条的规定仍不能确定的，由出卖人确定。

第六百三十八条　试用买卖的买受人在试用期内可以购买标的物，也可以拒绝购买。试用期限届满，买受人对是否购买标的物未作表示的，视为购买。

试用买卖的买受人在试用期内已经支付部分价款或者对标的物实施出卖、出租、设立担保物权等行为的，视为同意购买。

第六百三十九条　试用买卖的当事人对标的物使用费没有约定或者约定不明确的，出卖人无权请求买受人支付。

第六百四十条　标的物在试用期内毁损、灭失的风险由出卖人承担。

《最高人民法院关于审理买卖合同纠纷案件适用法律问题的解释》

第三十条　买卖合同存在下列约定内容之一的，不属于试用买卖。买受人主张属于试用买卖的，人民法院不予支持：

（一）约定标的物经过试用或者检验符合一定要求时，买受人应当购买标的物；

（二）约定第三人经试验对标的物认可时，买受人应当购买标的物；

（三）约定买受人在一定期限内可以调换标的物；

（四）约定买受人在一定期限内可以退还标的物。

5. 装修不合格另行找人维修，维修费可以向装修公司追讨吗？

金小娟新买了一套房屋，经好友介绍，找到了一家装修公司负责进行房屋的室内装修。随后，双方就装修事宜签订了《装修协议》，约定由装修公司找工人按照金小娟的要求进行装修，工期为3个月，工程款总价为80000元。工程款分三次付款，合同签订之日付5000元，水电验收合格后缴纳中期款47000元，装修完工经验收合格后付清尾款28000元。协议达成后，装修公司就找了几个工人一起按照金小娟的要求开始装修。

1个月后，装修公司联系金小娟，要求金小娟验收水电并支付中期款。金小娟验收后对于装修公司装修的房屋表示非常不满意，房屋渗水，存在质量瑕疵拒绝验收。金小娟多次要求装修公司维修，但装修公司迟迟不来维修，也不来继续施工。无奈之下，她只得花费10000元找人另行维修。

待水电维修好后，装修公司又带人回到房屋里继续装修。金小娟认为装修公司装修的房屋存在质量问题，加上装修公司在没有完全竣工的情况下就停工，因此，金小娟不愿意让装修公司继续装修房屋，也拒绝支付装修公司工程款。金小娟还认为维修水电的经济损失10000元应由装修公司承担。于是诉至法院，要求装修公司承担维修费用10000元。

法院会支持金小娟的请求吗?

律师说法

双方签订了合同，但一方不按照合同约定去履行或履行不符合合同约定，如另一方强制其履行可能造成履行成本过高的后果。在此情形下，如果存在第三人替代履行的可能性，是否可以要求第三人替代履行呢?如果由第三人替代履行产生了额外费用，费用可否要求未依照合同履行一方支付呢?

以本案为例，金小娟与装修公司签订了《装修协议》，双方之间形成了合法的装饰装修合同关系，应受法律保护。双方均应当按照合同的约定诚信履行合同义务，实现合同目的。即金小娟需要依照合同约定支付装修工程款，而装修公司则需提供符合合同约定的装修服务。然而在装修的过程中，装修公司并未依照合同约定达到验收标准。在金小娟催促整改后，装修公司仍然拒绝，该行为实际上属于违约行为。正因为装修公司拒绝整改装修，所以金小娟为了防止自己的损失进一步扩大，自行去找第三人进行维修的费用理应由装修公司承担。

生活小贴士

若出现装修不符合验收标准另行找他人维修的情况，应当保留好维修费用或购置维修材料所支出费用的凭证，包括但不限于发票、收据等。

法律直通车

《中华人民共和国民法典》

第五百八十一条 当事人一方不履行债务或者履行债务不符合约定，根据债务的性质不得强制履行的，对方可以请求其负担由第三人替代履行的费用。

6. 建设工程施工合同无效，承包方还能要到工程款吗?

2021 年 1 月，发包方荔茶公司与无建筑业企业资质的承包方文先生签订了《建设工程施工合同》。合同约定由文先生承包某房屋建设项目的工程施工，由荔茶公司于合同订立之日预付第一期工程款；2021 年 6 月 1 日支付第二期工程款，前两期工程款对应工程量为总工程量的 50%。合同签订后，荔茶公司依约预付了第一期工程款，文先生开始安排工人进场施工。

2021 年 7 月 1 日，文先生的施工队已完成总工程量的 60%，文先生仍未收到第二期工程款，便决定停止施工。2021 年 7 月 31 日，文先生收到法院传票，荔茶公司以文先生及其施工队没有建筑业企业资质为由主张合同无效，要求文先生返还已支付的第一期工程款。文先生对此感到十分憋屈，自己出钱出力依约办事，还没收到第二期工程款，现在反倒成了被告。

假如荔茶公司和文先生之间的合同被法院认定为无效，文先生还能向荔茶公司主张支付工程款吗?

律师说法

根据《民法典》第 793 条及《最高人民法院关于审理建设工程施工合同纠纷案件适用法律问题的解释（一）》第 1 条之规定，荔茶公司和文先生签订的《建设工程施工合同》，确实因合同当事人文先生未取得建筑业企业资质而无效，但该合同无效并不意味着文先生必须返还荔茶公司所支付的第一期工程款，也不意味着荔茶公司必须马上向文先生支付所拖欠的工程款。

建设工程施工合同的履行与其他合同相比具有特殊性。承包方履行合同的过程是将劳务及建筑材料物化为建设工程的过程，基于此特殊性，建设工程施工合同被认定无效后，发包方取得的财产在形式上是承包方所建设的工程，实际上是承包方对工程建设投入的劳务及建筑材料，故其无法适用一般合同因无效而进行返还财产或恢复原状的处理形式。

《民法典》第 793 条是新增条文，来源于《最高人民法院关于审理建设工程施工合同纠纷案件适用法律问题的解释》（法释〔2004〕14 号，已失效）第 2 条、第 3 条的规定，且作了相应修改。其中将“建设工程经竣工验收合格”改成“建设工程经验收合格”，删除“竣工”二字。由于实践中有很多工程在未完成建设时，合同双方就已发生纠纷诉至法院，对于无效的建设工程施工合同，法院显然不能判令当事人继续履行合同，也不能因工程未竣工验收而对承包方请求支付工程款的诉请一律不予支持，否则将损害承包人的权益。故将“竣工”二字删除，这能更好解决如前述案例中工程未竣工便产生纠纷的案件。

据此，文先生同样可以对荔茶公司提起反诉，要求荔茶公司支付拖欠的工程款。如果文先生及其施工队已完成的工程量经验收合格的，或验收虽不合格但经修复后验收合格的，荔茶公司应当参照合同关于工程价款的约定折价补偿文先生。相反，如果建设工程的质量存在缺陷且经修复后仍验收不合格的，文先生无权请求折价补偿，而对于因工程不合格而造成的损失，双方应当依法按照过错原则承担相应的责任。

生活小贴士

发包方、承包方在签订建设工程施工合同前应尽注意义务，审查对方主体资格及履约能力等，如发包方的建设工程施工手续是否完备、施工所需的资金是否到位，承包方的资质情况、施工能力、安全保护等。在合同中，双方应对建设工程的价款及付款方式，工程进度及质量、违约及争议解决等条款进行详细约定。出现纠纷时，双方应首先积极协商，取证并保全证据；其次是借助司法手段合法维权，切勿通过扯皮、暴力等方式解决纠纷。

法律直通车

《中华人民共和国民法典》

第七百九十三条 建设工程施工合同无效，但是建设工程经验收合格的，可以参照合同关于工程价款的约定折价补偿承包人。

建设工程施工合同无效，且建设工程经验收不合格的，按照以下情形处理：

（一）修复后的建设工程经验收合格的，发包人可以请求承包人承担修复费用；

（二）修复后的建设工程经验收不合格的，承包人无权请求参照合同关于工程价款的约定折价补偿。

发包人对因建设工程不合格造成的损失有过错的，应当承担相应的责任。

《最高人民法院关于审理建设工程施工合同纠纷案件适用法律问题的解释（一）》

第一条　建设工程施工合同具有下列情形之一的，应当依据民法典第一百五十三条第一款的规定，认定无效：

（一）承包人未取得建筑业企业资质或者超越资质等级的；

（二）没有资质的实际施工人借用有资质的建筑施工企业名义的；

（三）建设工程必须进行招标而未招标或者中标无效的。

承包人因转包、违法分包建设工程与他人签订的建设工程施工合同，应当依据民法典第一百五十三条第一款及第七百九十一条第二款、第三款的规定，认定无效。

7. 水果签收后发现变质了，应该由谁承担责任?

小宋和小刘是大学好友，毕业后二人都选择了创业之路。小宋积极响应国家号召，回到家乡农村创业种植特色水果。小刘则创办了一家会展公司。

经过多年的发展，小宋成功培育出了彩色火龙果，成功大卖。小刘的会展公司也越做越大，近日小刘看到小宋的朋友圈宣传，便联想到如果能在即将开展的活动上使用新奇的水果，一定能增添活动效果。于是小刘前往小宋的果园挑选订购了20箱新鲜火龙果。因时间紧急，小刘便与当地宣传“生鲜速运”“全程冷链，一路鲜行”的小马快跑蔬果货运公司口头约定将水果从海南运输到北京。

小刘在快递发出后第三天的下午收到通知收货，但因太忙了，在签收时没有查验。次日凌晨3点，小刘打开查验时发现有十箱水果存在不同程度损坏的情况，其余的也都有腐烂的味道，便立即微信联系货运公司沟通情况，要求赔偿。经快递查询，小刘发现货运公司承运后，并未采用全程冷链运输的方式。

小刘立即联系货运公司，要求赔偿相应损失。然而货运公司表示小刘在接收货物时没有提出任何异议，证明其签收时货物是完好的，后续水果损坏是因为小刘未能妥善保管，因此货运公司无需承担任何责任。

货运公司拒绝承担责任的理由能成立吗？小刘的签收行为是否就代表运输时是无任何问题的，不能再向货运公司追责呢？

律师说法

在货物运输合同中，承运人交付货物，收货人提货时，一个重要的问题就是收货人对货物的检验。货物经过运输后，其质量和数量很有可能发生变化，检验可以查明承运人交付的货物是否完好，是否与约定相符合。同时，对货物进行检验，可以尽快地确定货物的质量状况和数量情况，明确责任，及时解决纠纷。所以，收货人在提货时应当及时对货物进行检验，这是收货人的权利，也是其义务。

关于收货人的检验时间，《民法典》第831条规定如果运输合同对检验时间有约定的，收货人应当在约定的期限内对货物进行检验。如果没有约定或者约定不明确的，可以协商补充，如果无法达成补充协议的，可按照合同相关条款或者交易习惯确定。如果还是无法确定的，则应当在合理期限内检验货物。然而此处的“合理期限”是弹性规定，应当视实际情况确定具体的时间。

在上述案例中，小刘与货运公司未约定检验时间，但因火龙果属于易腐烂变质的货物，因此，小刘应在极短的时间内对货物进行检验。同时，因货物具有难贮藏、易腐烂的特质，作为运输企业应尽可能采用适当的运输方式进行运输，结合货运公司在官网上载明的“生鲜速运”以车身宣传文字突出“全程冷链，一路鲜行”的特点，货运公司未采取全程冷链的运输方式，致使火龙果运达后次日被发现损坏，应承担主要的违约责任。然而小刘在火龙果运到之后未及时履行检验义务，致使火龙果于次日被发现损坏，应承担次要的违约责任。

此外，收货人签收货物后，没有在约定或者合理的期限内提出异议，但收货人仍可以提出据以进行异议和索赔的相反证据，一旦有证据证明货物的毁损、灭失是发生在运输期间的，承运人仍应当赔偿。

生活小贴士

在托运货物时，托运人应对货物进行拍照录像，固定运输前的状况，并与运输公司明确约定货物的基本情况、运费、运输方式、检验时间等。

提货人在收取货物时，应当立即检查货物状况，发现有质量或质量问题的应当立即提出异议，并拍照、录像固定证据。

法律直通车

《中华人民共和国民法典》

第五百一十条 合同生效后，当事人就质量、价款或者报酬、履行地点等内容没有约定或者约定不明确的，可以协议补充；不能达成补充协议的，按照合同相关条款或者交易习惯确定。

第八百三十一条 收货人提货时应当按照约定的期限检验货物。对检验货物的期限没有约定或者约定不明确，依据本法第五百一十条的规定仍不能确定的，应当在合理期限内检验货物。收货人在约定的期限或者合理期限内对货物的数量、毁损等未提出异议的，视为承运人已经按照运输单证的记载交付的初步证据。

第八百三十二条 承运人对运输过程中货物的毁损、灭失承担赔偿责任。但是，承运人证明货物的毁损、灭失是因不可抗力、货物本身的自然性质或者合理损耗以及托运人、收货人的过错造成的，不承担赔偿责任。

第八百三十三条 货物的毁损、灭失的赔偿额，当事人有约定的，按照其约定；没有约定或者约定不明确，依据本法第五百一十条的规定仍不能确定的，按照交付或者应当交付时货物到达地的市场价格计算。法律、行政法规对赔偿额的计算方法和赔偿限额另有规定的，依照其规定。

8. 网购物品丢失，应该由谁“买单”？

秋阿姨在网购平台上购买了一条漂亮的裙子，想着等到和姐妹一起去旅游时穿上，拍美美的照片。下单后的秋阿姨每天怀着兴奋期待的心情登录网购平台查看物流信息。

三天后，秋阿姨接到快递电话，对方称包裹已到，并已将包裹放至楼下保安室。但当天下午秋阿姨前往保安室拿快递时，找了半天也没找到自己的包裹，秋阿姨连忙给快递员打电话。后来，快递员也赶过来帮秋阿姨找，但还是没找到。秋阿姨非常气愤，于是找商家和快递公司理论，要求他们赔偿损失。

这网购的裙子还没送到秋阿姨手中就丢了，应该由谁来“买单”？

律师说法

随着网络购物形式的盛行，相应因网购产生的如包裹丢失等纠纷也越来越多。如果网购的包裹毁损或者丢失，根据《民法典》第604条的规定：“标的物毁损、灭失的风险，在标的物交付之前由出卖人承担，交付之后由买受人承担，但是法律另有规定或者当事人另有约定的除外。”《电子商务法》第20条也规定，电子商务经营者应当按照承诺或者与消费者约定的方式、时限向消费者交付商品或者服务，并承担商品运输中的风险和责任。也就是说，除消费者自选快递物流服务提供者外，商品运输中的风险和责任一概由商家承担。秋阿姨未收到货物，则此时货物毁损或丢失的风险还未转移到买家，秋阿姨无须为此承担责任，而应由商家向她作出赔偿。

而商家与快递公司存在运输服务合同关系，如果货物在运输过程中毁损或丢失，根据《民法典》第832条“承运人对运输过程中货物的毁损、灭失承担赔偿责任。但是，承运人证明货物的毁损、灭失是因不可抗力、货物本身的自然性质或者合理损耗以及托运人、收货人的过错造成的，不承担赔偿责任”的规定，商家可以向快递公司进行索赔。

生活小贴士

网购时，消费者应提高证据意识，及时留存与网购交易相关的重要页面信息，例如商品信息、付款信息等，避免日后发生纠纷因举证不能承担不利后果。

《电子商务法》有明确规定，网购的商品运输中的风险和责任由商家承担，但是，消费者另行选择快递物流服务提供者的除外。因此，消费者在网购时，应尽量使用商家默认的快递公司，避免使用自选快递。

若通过快递方式运货，消费者在签收快递前需注意检查、检验货物是否完好，有无损坏，若发现货物损坏的应及时提出异议或拒收。

法律直通车

《中华人民共和国民法典》

第五百一十二条第一款 通过互联网等信息网络订立的电子合同的标的为交付商品并采用快递物流方式交付的，收货人的签收时间为交付时间。电子合同的标的为提供服务的，生成的电子凭证或者实物凭证中载明的时间为提供服务时间；前述凭证没有载明时间或者载明时间与实际提供服务时间不一致的，以实际提供服务的时间为准。

第六百零四条 标的物毁损、灭失的风险，在标的物交付之前由出卖人承担，交付之后由买受人承担，但是法律另有规定或者当事人另有约定的除外。

第八百三十二条 承运人对运输过程中货物的毁损、灭失承担赔偿责任。但是，承运人证明货物的毁损、灭失是因不可抗力、货物本身的自然性质或者合理损耗以及托运人、收货人的过错造成的，不承担赔偿责任。

《中华人民共和国电子商务法》

第二十条 电子商务经营者应当按照承诺或者与消费者约定的方式、时限向消费者交付商品或者服务，并承担商品运输中的风险和责任。但是，消费者另行选择快递物流服务提供者的除外。

《快递暂行条例》

第四十二条 冒领、私自开拆、隐匿、毁弃、倒卖或者非法检查他人快件，尚不构成犯罪的，依法给予治安管理处罚。

经营快递业务的企业有前款规定行为，或者非法扣留快件的，由邮政管理部门责令改正，没收违法所得，并处5万元以上10万元以下的罚款；

情节严重的，并处10万元以上20万元以下的罚款，并可以责令停业整顿直至吊销其快递业务经营许可证。

第二节　合同的效力

1. 格式条款在什么情况下会被法律认定为无效？

劳动节假期即将到来，老王准备和女友一同前往桂林游玩，因考量节假日出行人数过多体验感差，因此对于旅行服务要求很高的二人便在朋友的介绍下找到了以全方位保障客户旅行体验度、安全性著称的小蜜蜂旅行社。

小蜜蜂旅行社向老王推荐了四天三夜，价值5万元的豪华旅行套餐中的服务项目并承诺将全方位保障游客的体验度。老王一听甚是满意，二话不说便与旅行社签订了《小蜜蜂旅游协议》。

合同签订后，老王按照约定支付了服务费用。谁知本想快乐游玩的二人，在游玩过程中，不慎被景点屋檐掉落的瓦片砸到脑袋当即被送到医院，为治疗花费了不少医疗费。

出院后，老王寻找旅行社要求进行损失赔偿。然而小蜜蜂旅行社表示双方签订的《小蜜蜂旅游协议》中第6条第10款规定了“由于第三方侵害等不可归责于组团社的原因导致旅游者人身、财产权益受到损害的，组团社应当尽协助义务，避免旅游者人身、财产权益损失扩大”。因此拒不理赔。老王认为这条属于霸王条款，小蜜蜂旅行社从来都没提示过他有这一条。在这种情况下，老王能要求小蜜蜂旅行社赔偿吗？

律师说法

在生活实践中，交易双方往往为了简化合同订立程序会直接使用一方提供的预先拟定的模板，而模板中在订立时未与对方协商的条款属于格式条款。

《民法典》第496条第1款规定，格式条款是当事人为了重复使用而预先拟定，并在订立合同时未与对方协商的条款。格式条款往往内容繁复，条款较多，具体细致，一般是由占有优势的一方提出，在频繁、重复性的交易中尤其常见。使用格式条款的好处是简捷、省时、方便、降低交易成本，但也存在相应弊端，一方往往利用其优势地位，制定有利于自己而不利于交易对方的条款，这一点在消费者作为合同相对方时特别突出。

在上述案例中，老王与小蜜蜂旅行社签订了《小蜜蜂旅游协议》，该协议系小蜜蜂旅行社为反复使用而提供，同时，虽然该协议第6条第10款规定了“由于第三方侵害等不可归责于组团社的原因导致旅游者人身、财产权益受到损害的，组团社应当尽协助义务，避免旅游者人身、财产权益损失扩大”。但是旅行社并未就该条进行相应的提示义务，同时该条款明显属于《民法典》第497条中规定的免除条款提供方责任、加重对方责任的条款，故该条款应为无效条款。因此，旅行社应当对老王的损失承担赔偿责任。

生活小贴士

协议签订时，建议进一步明确双方签订合同的前提条件。

签订协议时，应仔细阅览，如协议中有免除或者减轻地方责任等条款的，可以要求提供协议一方说明。如协议明显不利于己方，可以拒绝签订。

合同签订后，应妥善保管好合同、支付凭证、沟通记录等相关记录。

法律直通车

《中华人民共和国民法典》

第四百九十六条　格式条款是当事人为了重复使用而预先拟定，并在订立合同时未与对方协商的条款。

采用格式条款订立合同的，提供格式条款的一方应当遵循公平原则确定当事人之间的权利和义务，并采取合理的方式提示对方注意免除或者减轻其责任等与对方有重大利害关系的条款，按照对方的要求，对该条款予以说明。提供格式条款的一方未履行提示或者说明义务，致使对方没有注意或者理解与其有重大利害关系的条款的，对方可以主张该条款不成为合同的内容。

第四百九十七条　有下列情形之一的，该格式条款无效：

（一）具有本法第一编第六章第三节和本法第五百零六条规定的无效情形；

（二）提供格式条款一方不合理地免除或者减轻其责任、加重对方责任、限制对方主要权利；

（三）提供格式条款一方排除对方主要权利。

第四百九十八条　对格式条款的理解发生争议的，应当按照通常理解予以解释。对格式条款有两种以上解释的，应当作出不利于提供格式条款一方的解释。格式条款和非格式条款不一致的，应当采用非格式条款。

2. 蹦床蹦出了意外，《免责协议》真的能免责吗？

最近某市开了一家蹦床馆，因项目新颖且有优惠活动，很快风靡了整个市区。小宋听说后立即组织部门同事小王一同前往蹦床馆游玩。

大家购票入场后，工作人员提示因周末人数较多，因此无法提供一对一的项目指导，大家应按照项目旁设置的安全警示牌开展活动，自行保障人身财产安全。

小宋、小王进入场馆后，一瞬间被大型海绵跳跃池、魔鬼滑梯、“吃人”蹦床等经典项目所吸引，二人跃跃欲试。一番体验后，小王尤其钟爱从两米多高跳台上跳入海绵池的项目，便开始尝试新的花样，学习旁边游客用背朝海绵池的方式往后倾倒，谁知在这时发生了意外，小王的头朝下猛地摔进海绵池，导致胸部以下随即失去知觉。小宋发现后，立即向工作人员求救将小王送往医院进行救治。小王被确认为“完全性截瘫”，从此生活完全无法自理。

小王家人找到蹦床馆索赔，但被告知小宋、小王进场时和蹦床馆都签了《免责协议》，主要内容为：“本人购票时已认真阅读这些规则及提示并承诺遵守这些规则与提示……本人完全明白参加蹦床运动本人以及本人所监护的未成年人可能存在的受伤或死亡的风险，前述风险可能因本人或他人的行为或疏忽或身体因素而造成，或者因对有关器材、设施、厂区的状况条件不熟悉而造成……本人愿意承担因本人及其所监护的未成年人参加SKYTIME所产生的一切受伤或死亡的风险……”因此，蹦床馆主张小王应自行承担相应的责任，与蹦床馆无关。后经了解，游客只有签了《免责协议》后才能进入场馆。

小王家人不能接受蹦床馆给出的解释，遂四处询问：小王能否找蹦床馆赔偿损失呢？

律师说法

如今，蹦床作为一种“网红运动”渐渐兴起。不过，这个看似好玩刺激的娱乐项目却没有想象中那么“友善”，伴随着国内蹦床“坑人”事件的频发，蹦床的安全问题也引发了人们的关注。

2019年，国家体育总局体操中心、中国蹦床技巧协会相继公布了蹦床运动的基本标准和要求、蹦床运动场所的开放标准和要求等，对器材、场地、经营人员和参与者等方面都作出了标准和规范。

在上述案例中，虽然小宋、小王在游玩前签署了场馆提供的《免责协议》，但蹦床馆将其作为游客游玩前签署的必要文件，直接排除了双方协议的过程，同时《免责协议》中显示由购票者在购票时同意自行承担因游玩活动所产生的一切受伤或死亡的风险，然而《民法典》第506条第1项规定，合同中造成对方人身损害的免责条款无效，因此小王与蹦床馆签署的《免责协议》中涉及人身伤害赔偿的条款应属无效。

同时，蹦床馆无论是作为体育场馆还是娱乐场馆，根据《民法典》第1198条的规定，均应当尽到安全保障义务，设置相应的动作指导、安全防护等措施。然而场馆仅仅在入馆时进行言语提示，并未进行其他的安全保障措施，应向小王承担侵权损害赔偿责任。

生活小贴士

在参与休闲娱乐活动时，消费者应按照场馆以及工作人员指示采取对人身及财产相应的安全保障措施，按照指示进行活动，尽到合理的自我防范义务。

在发生意外后，消费者应及时固定证据，确定损失情况及数额。

法律直通车

《中华人民共和国民法典》

第四百九十七条 有下列情形之一的，该格式条款无效：

（一）具有本法第一编第六章第三节和本法第五百零六条规定的无效情形；

（二）提供格式条款一方不合理地免除或者减轻其责任、加重对方责任、限制对方主要权利；

（三）提供格式条款一方排除对方主要权利。

第五百零六条 合同中的下列免责条款无效：

（一）造成对方人身损害的；

（二）因故意或者重大过失造成对方财产损失的。

第一千一百九十八条 宾馆、商场、银行、车站、机场、体育场馆、娱乐场所等经营场所、公共场所的经营者、管理者或者群众性活动的组织者，未尽到安全保障义务，造成他人损害的，应当承担侵权责任。

因第三人的行为造成他人损害的，由第三人承担侵权责任；经营者、管理者或者组织者未尽到安全保障义务的，承担相应的补充责任。经营者、管理者或者组织者承担补充责任后，可以向第三人追偿。

《中华人民共和国消费者权益保护法》

第二十六条 经营者在经营活动中使用格式条款的，应当以显著方式提请消费者注意商品或者服务的数量和质量、价款或者费用、履行期限和方式、安全注意事项和风险警示、售后服务、民事责任等与消费者有重大利害关系的内容，并按照消费者的要求予以说明。

经营者不得以格式条款、通知、声明、店堂告示等方式，作出排除或者限制消费者权利、减轻或者免除经营者责任、加重消费者责任等对消费者不公平、不合理的规定，不得利用格式条款并借助技术手段强制交易。

格式条款、通知、声明、店堂告示等含有前款所列内容的，其内容无效。

3.“以物抵债”条款有效吗?

2017 年 10 月，陈某与王某签订《借款协议书》，约定陈某向王某借款 400 万元人民币，借款期限为 4 年。由于借款金额较大，为了保障自己债权的实现，王某提出要求陈某提供担保，于是，陈某就将名下位于广州市越秀区某一市价约 430 万元的房产过户给王某，并在《借款协议书》中约定，借款期限届满时，如果陈某还清所有借款本息，则王某应将上述房产过户归还给陈某；如果陈某未能还清所有借款本息，则上述房产归王某所有，陈某不得要求王某归还。随后，陈某、王某均履行了合同的义务，交付了款项并办理了房屋的过户手续。

2021 年 6 月，借款期限届满，王某没有收到陈某应当偿还的借款本金以及拖欠的借款利息，却收到了陈某发来的要求王某返还上述房产的短信。原来，陈某认为当年签订《借款协议书》时设定的“以物抵债”条款违反法律规定，是无效条款，所以要求王某返还房产。

王某不禁疑惑：双方协商一致约定的“以物抵债”条款难道不合法吗?

律师说法

上述案例中的情况在民间借贷关系中并不少见，在借款关系订立时就考虑如何保障债权的实现是几乎所有出借人都会思考的问题，往往这个时候，"以物抵债"条款就会大概率地出现在合同中，因此，"以物抵债"条款的效力问题一直是大家关注的焦点。近几年，随着社会的不断发展，法律对处理"以物抵债"条款有了新的规定，对于"以物抵债"条款效力的认定问题也发生了较大的变化：

已经废止的《物权法》第186条规定，抵押权人在债务履行期届满前，不得与抵押人约定债务人不履行到期债务时抵押财产归债权人所有。可见，在《物权法》的时代，是禁止抵押双方当事人设立"以物抵债"的。

2019年11月8日印发的《全国法院民商事审判工作会议纪要》第71条规定："……合同如果约定债务人到期没有清偿债务，财产归债权人所有的，人民法院应当认定该部分约定无效，但不影响合同其他部分的效力。当事人根据上述合同约定，已经完成财产权利变动的公示方式转让至债权人名下，债务人到期没有清偿债务，债权人请求确认财产归其所有的，人民法院不予支持，但债权人请求参照法律关于担保物权的规定对财产拍卖、变卖、折价优先偿还其债权的，人民法院依法予以支持……"可见，2019年11月8日之后《民法典》实施之前，对于"以物抵债"，仍然是禁止的。

2021年1月1日实施的《民法典》第401条规定："抵押权人在债务履行期限届满前，与抵押人约定债务人不履行到期债务时抵押财产归债权人所有的，只能依法就抵押财产优先受偿。"可见，《民法典》对"以物抵债"条款效力的认定与以往不同，不再认定"以物抵债"条款为无效条款，但债权人也不能直接获得物的所有权，只能依法就担保财产的价值优先受偿。

本案中，根据《民法典》的规定，陈某不能要求王某返还房屋，王某也不能直接获得房屋的所有权，王某要实现债权只能依法将涉案房产经过评估、拍卖等程序后，以拍卖、变卖上述房产的所得款项优先受偿。

生活小贴士

资金出借时，为了保障债权的实现，借款双方会在合同中设置各种担保条款，这是正常的。但担保条款是否合法有效，能否有效地保障债权实现，则需要各位债权人重点审查，必要时，建议咨询法律专业人士，以免引起不必要的争议与纠纷。

法律直通车

《中华人民共和国民法典》

第四百零一条　抵押权人在债务履行期限届满前，与抵押人约定债务人不履行到期债务时抵押财产归债权人所有的，只能依法就抵押财产优先受偿。

4. 未成年人私自进行大额游戏充值，能要求退款吗？

“警察，我要报警！我的几万块钱没了！”李女士带着9岁的儿子小明急匆匆地到派出所报警。原来，小明在使用手机上网课或做作业时，趁李女士不注意，通过手机验证码的方式充值购买了游戏装备，总额高达数万元。在民警的指导下，李女士收集相关资料，向游戏客服申请办理退款。尽管李女士多次与客服进行沟通，钱依然未能退回。最后，李女士以小明的名义向法院提起诉讼，要求游戏公司退款。

庭审过程中，法官经调查发现，游戏头像是小明本人，他能够清晰地说出游戏中的账户名称、游戏好友名称、充值流程等信息；而充值的时间集中在小明放学回家以及周末放假的时间，通过家中监控视频显示，小明都是在李女士不知情的情况下偷偷进行；小明认为“升级打怪”购买游戏装备只是游戏中的虚拟交易，并不知道真的会扣除费用，他儿童手表中的聊天软件中也记录了他和同学分享自己玩的游戏和购买装备的情况。最后，法院综合以上事实和证据认定充值行为是小明未经李女士同意独自实施的，该充值行为是无效行为，但由于李女士在此过程中也存在监护职责履行不到位的情况，最终判决游戏公司退回大部分充值费用。

律师说法

近年来，手机游戏、网络直播、短视频等线上娱乐休闲方式深受大众欢迎，购买游戏装备或直播打赏成为当代年轻人的新消费热点。根据《青少年蓝皮书：中国未成年人互联网运用报告（2020）》显示，未成年人的互联网普及率已达99.2%，10岁及以下开始接触互联网的人数比例达到78%。随着使用网络的未成年人增加以及低龄化，未成年人隐瞒家长私自进行大额游戏充值或直播打赏而引起的民事纠纷屡见报端。那么，未成年人游戏大额充值的行为是否有效？游戏公司是否有退款的义务？

根据《民法典》第19条和第20条的规定，未成年人被划分为无民事行为能力人和限制民事行为能力人。其中，8周岁以下的未成年人是无民事行为能力人，他们实施的民事法律行为在法律效力上均为无效；而8周岁以上的未成年人属于“限制民事行为能力人”，由于智力发育未成熟，只有部分民事行为能力，所以他们实施的民事法律行为须由其法定代理人代理或者经其法定代理人同意、追认才有效。但是，纯获利益的民事法律行为或者与他们年龄、智力相适应的民事法律行为是可以独立实施的，例如接收他人的红包等赠与，10岁的未成年人购买文具、零食等。

司法实践中，法院会综合一系列事实及证据来判断大额充值行为是不是未成年人未经法定代理人同意而实施的，包括：游戏账户情况、用户在游戏中的行为模式、聊天记录是否符合未成年人身心特点；未成年人对游戏使用、充值操作、充值的时段和金额等情况描述是否清晰、完整；法定代理人在场情况、知情情况等。

本案中，年仅9岁的小明为了“升级打怪”购买游戏装备，他认为这只是游戏中的虚拟交易，并不知道会扣除真实费用，区别于日常生活中购买文具、零食，小明的这种连续多次大额的充值行为显然与他的年龄、智力不相适应，缺乏对于多次大额充值的正确认知。而且小明每次充值都是瞒着李女士实施的，并未得到法定代理人李女士的同意。因此，小明的充值行为是无效的民事法律行为，游戏公司需要退还充值的费用。

生活小贴士

未成年人的价值观和消费观尚未成熟，容易沉迷网络游戏并进行不理性消费，家长可以在手机上设置监护口令或青少年模式，保管好手机或支付密码，引导孩子健康上网，树立正确消费观念。如果未成年人实施了大额充值行为，家长可以做好以下证据保留工作，以便诉讼中进行举证：

1. 游戏账户信息。保留游戏软件，游戏中的账户信息、头像等能够体现是否符合未成年人年龄和心理特征，能够与未成年人的陈述相互辅证，证明充值行为是未成年人实施的。

2. 家长的不在场证明。家长可以向法院提供未成年子女实施充值行为时的不在场证明，证明充值行为是未成年子女所为。

3. 微信、支付宝或银行的交易明细。微信、支付宝或银行交易明细，结合未成年人的陈述，从而证明未成年人是在什么时候，通过什么方式独自实施充值行为的。

法律直通车

《中华人民共和国民法典》

第十九条　八周岁以上的未成年人为限制民事行为能力人，实施民事法律行为由其法定代理人代理或者经其法定代理人同意、追认；但是，可以独立实施纯获利益的民事法律行为或者与其年龄、智力相适应的民事法律行为。

第二十条　不满八周岁的未成年人为无民事行为能力人，由其法定代理人代理实施民事法律行为。

《最高人民法院关于依法妥善审理涉新冠肺炎疫情民事案件若干问题的指导意见（二）》

9. 限制民事行为能力人未经其监护人同意，参与网络付费游戏或者网络直播平台“打赏”等方式支出与其年龄、智力不相适应的款项，监护人请求网络服务提供者返还该款项的，人民法院应予支持。

5. 赠与合同可以撤销吗?

陈大爷今年已过七旬，跟老伴育有一子，老伴在多年前就因病过世了，在这之后，陈大爷一直都是一个人生活。然而陈大爷因为有高血压、糖尿病等基础疾病，身体一直都不太好，本以为儿子在家附近买了房，能够就近照顾自己，可没想到儿子常年出差，经常见不到人影。邻居王阿姨看陈大爷可怜，自前年以来一直都上门洗衣做饭照顾陈大爷的起居生活。去年，陈大爷感念王阿姨这几年来对自己的悉心照顾，便告诉王阿姨自己决定将收藏多年的价值不菲的画卷赠与她，王阿姨推托一番后欣然接受了。但巧的是，陈大爷在送出画卷前，儿子刚好出差回来看他。陈大爷遂将自己的这个决定告诉了儿子，儿子知道后对父亲将画卷赠与外人的行为表示强烈反对，陈大爷也顿感后悔，觉得应该把画卷留给儿子，遂向王阿姨表示欲撤销该赠与。王阿姨得知后非常生气，起诉至法院，要求陈大爷交付画卷。

法院经审理，认为陈大爷对王阿姨的赠与属于道德义务性质的，不适用赠与人有权行使任意撤销权的条款，遂支持了王阿姨的诉请。

那么，撤销赠与需要符合哪些条件呢？

律师说法

《民法典》第658条规定："赠与人在赠与财产的权利转移之前可以撤销赠与。经过公证的赠与合同或者依法不得撤销的具有救灾、扶贫、助残等公益、道德义务性质的赠与合同，不适用前款规定。"赠与合同指的是赠与人将自己的财产无偿给予受赠人，只要双方意思表示一致即可成立，不限于书面形式。由于赠与是无偿行为，如果绝对禁止赠与人撤销，则对赠与人太过于苛刻，因此，法律赋予了赠与人任意撤销权。反之，如果对赠与人的撤销赠与不加任何限制，赠与合同将无任何拘束力，这既不符合诚信原则，对受赠人也有失公平。所以，法律对赠与人的任意撤销加以了一定的限制。

赠与合同的任意撤销必须符合以下条件：

1. 赠与人撤销赠与必须在赠与财产的权利转移之前。

以转移财产是否可分割来区分：若赠与财产的权利已全部转移，则赠与人不得撤销赠与；若赠与财产的权利仅转移一部分，则赠与人可以就未转移部分行使撤销权，对已经转移的部分则不得撤销。

以转移财产的性质作区分：如果是动产，赠与人在赠与物交付之前，可以撤销赠与；如果是不动产，赠与人在办理权利转移登记之前，可以撤销赠与；如果是财产权利，根据法律规定转移权利是否以登记为生效要件，赠与人在财产权利交付或办理权利转移登记之前，可以撤销赠与。

2. 赠与须未经过公证，或者该赠与不具有救灾、扶贫等社会公益、道德义务性质。经过公证的合同，是赠与人经过慎重考虑后作出的，如果允许赠与人随意撤销，既严重违背诚实信用原则，也蔑视公证的严肃性。所以，赠与一旦公证，不得撤销。

而救灾、扶贫等具有社会公益性质的赠与使得赠与具有了重要的社会意义，若赠与人可以随意撤销这种赠与，则有违社会公序良俗。

3. 赠与人须将其撤销赠与的意思通知受赠人，如果赠与人不向受赠人作出撤销赠与的意思表示，则不发生撤销赠与的法律效果。

本案中，陈大爷向王阿姨表示要将画卷赠与她，而王阿姨也欣然接受后，他们之间形成了赠与合同关系。基于陈大爷的赠与系为了感激王阿姨对自己的照顾，属于具有道德义务性质的赠与，不适用任意撤销赠与的规定，因此陈大爷最后还是不得不将画卷交付给王阿姨。如果陈大爷之后因不愿交付画卷给王阿姨，故意毁损画卷，王阿姨有权要求其承担赔偿责任。

生活小贴士

对赠与人而言，基于赠与合同并非在任何情形下都可撤销，在向他人作出赠与的意思表示前，需要慎重考虑清楚再作决定，且尽量不要采取公证形式。

对受赠人而言，如果受赠的财产属于依法需要办理登记或者其他手续的，应当尽快办理有关手续。

法律直通车

《中华人民共和国民法典》

第六百五十八条 赠与人在赠与财产的权利转移之前可以撤销赠与。

经过公证的赠与合同或者依法不得撤销的具有救灾、扶贫、助残等公益、道德义务性质的赠与合同，不适用前款规定。

第六百五十九条 赠与的财产依法需要办理登记或者其他手续的，应当办理有关手续。

第六百六十条 经过公证的赠与合同或者依法不得撤销的具有救灾、扶贫、助残等公益、道德义务性质的赠与合同，赠与人不交付赠与财产的，受赠人可以请求交付。

依据前款规定应当交付的赠与财产因赠与人故意或者重大过失致使毁损、灭失的，赠与人应当承担赔偿责任。

6. 只有签名或只有指印的合同能成立吗?

2020 年 12 月，张某因急需资金对外出售其名下的 A 房产，其朋友李某得知后，向张某表示愿意购买 A 房产，双方达成初步一致后签署《房屋买卖合同 1》：双方均签名，但未按指印。签署合同后第二天，李某支付了首付款；张某请求待其找到租赁住房后再办理交付和过户手续，李某念及友情同意；因此，张某未给李某办理过户手续，也未交付房屋。

2021 年 1 月，张某又与王某就 A 房产签署《房屋买卖合同 2》：双方仅按指印，无签名。张某亦未给王某办理交付手续，也未交付房屋。

2021 年 2 月，因出售的 A 房产被纳入拆迁范围，价值暴涨，张某欲悔约，主张两份房屋买卖合同未签字且未按指印，并未成立合同关系，不愿交付 A 房产和办理过户手续。李某和王某均主张 A 房产应归其所有，无奈将张某告上法庭。

合同成立的标准是什么？张某主张未签名且未按指印的合同都不成立，真是如此吗？

律师说法

签订书面合同是我们在日常生活中经常遇到的情况，有的人只签名、有的人只按指印，这种情况下签署的合同是否成立？

《民法典》实施之前，根据《合同法》第 32 条和《最高人民法院关于适用〈中华人民共和国合同法〉若干问题的解释（二）》第 5 条，作为自然人，签字或者摁手印均有代表其愿意成立合同的意思表示。《民法典》实施之后，正式将按指印确定为签订合同的法定方式，形成了签字、盖章或按指印的三足鼎立局面。

具体到本案中，虽然《房屋买卖合同 1》只有双方的签字、《房屋买卖合同 2》只有双方的指印，但两份合同均系张某本人签名或按指印，均能代表张某成立合同的意思表示，因此两份合同均成立生效。

至于张某一房二卖的问题，因两份合同均成立生效，均未办理过户和交付手续，因此签订合同在先的李某可依据《房屋买卖合同 1》获取 A 房产的所有权，王某则可根据《房屋买卖合同 2》追究张某的违约责任。

对于自然人签订合同，虽然签名或按指印均能确定其成立合同的意思表示，但是单签名或者单按指印仍存在一定的局限性：如签署人否定签名为其签署且（如故意悖于签名习惯）通过鉴定也无法确定为其签署、签署人否定指印为其所按且(如指印模糊)通过鉴定也无法确定为其指印。因此建议自然人订立书面合同时采用签名加按指印的模式签署合同。

对于法人和非法人组织签订合同，则一般要求相关主体加盖公章或合同章。

生活小贴士

如合同中有合同成立生效的特别约定的，如本合同自双方签字并按指印后成立生效，则签订主体需要满足合同的签署要件。法律、行政法规规定需履行批准手续后生效的合同，如转让探矿权和采矿权的合同，应当办理相关批准手续。除了签署书面合同，现实生活中存在多种方式成立合同，如一方履行主要义务另一方接受履行、通过电子邮件或电子通信工具达成要约和承诺、通过网上购物平台采购产品等。

签名应签署有效身份证上的法定姓名，应清晰可识别，不要用铅笔等不易保存且易涂改的签字笔。

按指印请使用专用的印泥或印油，不要用口红或者颜料等材料；指印应清晰、全面。

盖章应加盖公司公章或合同章，不要加盖部门章和项目章等。

自然人签署合同时，建议采用“签名+按指印”方式。公司签署合同时，建议采用“授权代表签名+盖公章（或者合同章）”的方式。

当一方履行主要的义务，对方接受时，即便没有签名、盖章或按指印，合同也是成立的，对双方有约束力。

法律直通车

《中华人民共和国民法典》

第四百九十条　当事人采用合同书形式订立合同的，自当事人均签名、盖章或者按指印时合同成立。在签名、盖章或者按指印之前，当事人一方已经履行主要义务，对方接受时，该合同成立。

法律、行政法规规定或者当事人约定合同应当采用书面形式订立，当事人未采用书面形式但是一方已经履行主要义务，对方接受时，该合同成立。

第五百零二条 依法成立的合同，自成立时生效，但是法律另有规定或者当事人另有约定的除外。

依照法律、行政法规的规定，合同应当办理批准等手续的，依照其规定。未办理批准等手续影响合同生效的，不影响合同中履行报批等义务条款以及相关条款的效力。应当办理申请批准等手续的当事人未履行义务的，对方可以请求其承担违反该义务的责任。

依照法律、行政法规的规定，合同的变更、转让、解除等情形应当办理批准等手续的，适用前款规定。

第三节 合同的违约责任

1. 签订认购书后又反悔，要承担违约责任吗？

2021 年 3 月，吴小姐看到了某新楼盘的售楼广告，便去该楼盘售楼处看房，经过销售人员介绍，吴小姐看中了该楼盘的一处房屋，便与开发商签订了《房屋认购书》，约定吴小姐订购该楼盘 A 栋 1808 房，面积为 100 平方米，房屋售价合共 800 万元，房屋的订金为 8 万元，房屋首付为总购房款的30%即240万元，双方应当在定金支付之日起十日内签订正式的《商品房买卖合同》并支付购房首付款，否则，视为吴小姐放弃购买，开发商有权向吴小姐追究违约责任，要求吴小姐支付违约金24万元。《房屋认购书》签订后，吴小姐依约向开发商支付了8万元订金。而后，吴小姐跟开发商联系，称当时是冲动消费，现在想清楚了，不想买那处房屋了，要求开发商退还8万元订金，开发商拒绝并称要追究吴小姐的违约责任。协商不成，吴小姐便拒绝与开发商沟通联系，无奈，开发商向吴小姐发出《律师函》，要求吴小姐承担违约责任。

吴小姐认为她已经依约向开发商支付了订金，而且双方并没有签订正式的《商品房买卖合同》。

开发商能依据《房屋认购书》向吴小姐追究违约责任吗？

律师说法

本案中，吴小姐与开发商虽然并未签订正式的《商品房买卖合同》，但在《房屋认购书》中，吴小姐与开发商双方明确约定了买卖房屋的房号、房屋面积、房屋总价款、订金及违约责任等具体的条款内容，对预约购房时双方的权利义务是明确的。可见，《房屋认购书》的内容是约束吴小姐和开发商的，并不会因为其不是正式的购房合同便丧失了约束力。

《民法典》第495条第2款对预约合同的违约责任进行了明确规定："当事人一方不履行预约合同约定的订立合同义务的，对方可以请求其承担预约合同的违约责任。"因此，本案中，吴小姐虽然没有签订正式的《商品房购房合同》，但依据《民法典》第495条的规定，吴小姐应当承担违约责任。

生活小贴士

合同是现代社会重要的行为依据，只要是签订了合同，签约各方就要受到合同条款的约束。建议在签约前仔细阅读合同条款，尤其需要审查合同中自己一方的义务以及当不能履行合同时的违约责任。签订合同时需要完全了解合同条款的意思和条款背后的法律风险，待完全理解合同条款后再就合同进行签名确认。

法律直通车

《中华人民共和国民法典》

第四百九十五条 当事人约定在将来一定期限内订立合同的认购书、订购书、预订书等，构成预约合同。

当事人一方不履行预约合同约定的订立合同义务的，对方可以请求其承担预约合同的违约责任。

2. 撕掉合同就不用承担违约责任了吗?

70多岁的老李见自己多年前在市中心买的一套老房子随着房价飞涨，市场价翻了好几倍，想着趁房价暴涨，把这套房子置换成电梯房，让腿脚不便的自己出入更方便。

老李通过朋友介绍认识了财力雄厚的青年企业家小王，小王称其正在筹备婚礼，就等着一套婚房年底结婚呢。二人交谈甚欢，迅速谈妥将房子以800万元的价格成交。双方将《房地产买卖合同》一签，约定小王先向老李支付50万元的定金，然后等双方办理手续后的当天，小王再把剩下的750万元补齐。

签完合同，女儿的一通电话让老李记起——老李的外孙女到了要上学的年纪，这套市中心的学区房要派上用场。老李发了愁，一边是外孙女要利用这套学区房上个好学校，一边是自己腿脚不便想住个电梯房。小王察觉到老李想反悔，称合同已经签订，双方必须履行。慌乱之中，老李抢过一式三份的合同，撕掉之后通通塞进了身旁的碎纸机。小王无奈将老李告到法院，要求老李双倍返还定金。

合同作为契约的纸质证明，撕掉了就不用履行了吗？老李需要为此承担违约责任吗？

律师说法

根据《民法典》第563条的规定，合同单方解除的情形有且只有五种情形，分别是：（1）因不可抗力致使不能实现合同目的；（2）在履行期限届满前，当事人一方明确表示或者以自己的行为表明不履行主要债务；（3）当事人一方迟延履行主要债务，经催告后在合理期限内仍未履行；（4）当事人一方迟延履行债务或者有其他违约行为致使不能实现合同目的；（5）法律规定的其他情形。单方撕毁买卖合同不是解除合同的有效方式，并不能产生合同已经解除的法律后果。合同文本虽然全部被撕毁，并不影响已经成立的合同的法律效力。合同当事人一方只要有足够的证据证明合同的内容，那么法院会支持遵守合同约定的一方。

在上述案例中，老李与小王签的合同虽然被老李撕毁，不能恢复原状，但老李与小王的定金收据、微信聊天记录、旁人的证言等作为证据提交给法官之后，都足以让法官相信，这两人之间发生过买卖房屋的事实，并且小王已经交了50万元定金。那么依照《民法典》第587条的规定："债务人履行债务的，定金应当抵作价款或者收回。给付定金的一方不履行债务或者履行债务不符合约定，致使不能实现合同目的的，无权请求返还定金；收受定金的一方不履行债务或者履行债务不符合约定，致使不能实现合同目的的，应当双倍返还定金。"老李需要向小王承担双倍返还定金的违约责任，也就是加上之前的50万元总共返还小王100万元。

生活小贴士

在合同一方想解除合同的时候，应当尽可能地先与对方进行友好协商，然后根据双方合意签订一个解除协议，通过协商解除合同。

撕掉合同并不能直接导致合同的解除，更不能使合同主体免予违约责任的承担，甚至还需承担败诉的法律风险以及社会生活中的道德风险。

在进行合同交易的时候，要留存相关的证据，避免只是打电话口头通知和联系，要有意识地用短信的方式进行沟通。万一有纠纷，买卖双方的短信记录会真实客观地反映合同真实履行的情况。遇到类似案件，请咨询律师以后，完整保留合同争议的全过程，维护自己的合法权益。

法律直通车

《中华人民共和国民法典》

第五百六十三条 有下列情形之一的，当事人可以解除合同：

（一）因不可抗力致使不能实现合同目的；

（二）在履行期限届满前，当事人一方明确表示或者以自己的行为表明不履行主要债务；

（三）当事人一方迟延履行主要债务，经催告后在合理期限内仍未履行；

（四）当事人一方迟延履行债务或者有其他违约行为致使不能实现合同目的；

（五）法律规定的其他情形。

以持续履行的债务为内容的不定期合同，当事人可以随时解除合同，但是应当在合理期限之前通知对方。

第五百六十四条 法律规定或者当事人约定解除权行使期限，期限届满当事人不行使的，该权利消灭。

法律没有规定或者当事人没有约定解除权行使期限，自解除权人知道或者应当知道解除事由之日起一年内不行使，或者经对方催告后在合理期限内不行使的，该权利消灭。

第五百六十五条 当事人一方依法主张解除合同的，应当通知对方。合同自通知到达对方时解除；通知载明债务人在一定期限内不履行债务则合同自动解除，债务人在该期限内未履行债务的，合同自通知载明的期限届满时解除。对方对解除合同有异议的，任何一方当事人均可以请求人民法院或者仲裁机构确认解除行为的效力。

当事人一方未通知对方，直接以提起诉讼或者申请仲裁的方式依法主张解除合同，人民法院或者仲裁机构确认该主张的，合同自起诉状副本或者仲裁申请书副本送达对方时解除。

3. 违约方可以要求解除合同吗？

2020 年 6 月，毕业于名牌大学的小何到北京找工作。经过多轮面试，他终于获得了某世界五百强企业的实习机会。为了实现自己的人生理想，背井离乡的他在公司附近找到了一个小单间准备租下，2020 年 7 月 1 日，小何有幸碰到一位房东，愿意以低于市场价的价格将其名下的房屋租给小何居住。双方协商一致后，签订了租赁合同，约定如下：房东将其名下房屋租给小何居住使用，小何应在每月1日将当月房租交给房东；租金为每月2500元，租期两年，若任意一方违约，另一方有权提出解除合同，违约方需向守约方支付一个月租金作为赔偿。

2021年5月，因楼上装修时操作失误，小何居住的房子开始漏水，专业人员检查维修时发现，房屋年限较长，建筑物老化严重，建议房东对房屋进行加固和改造，否则可能存在安全隐患。房东认为房子既然涉及安全问题，就应该尽早处理，然而房屋一旦动工就无法继续履行与小何的合同。房东希望与小何协商提前解除合同，尽快对房子进行加固。但初入职场的小何并不宽裕，无法在同地段找到同样价格的出租屋，不愿意解除合同。小何认为，维修人员只是基于房子的年限提出加固的建议，并不代表房子不符合安全居住的标准，房子如今还能正常使用，希望房东能继续履行合同至期满终止，待合同期满后再对房屋进行改造。

作为违约方的房东，可以要求解除合同吗？

律师说法

在日常交易中，在双方签订合同后，一些违约方由于客观情况的变化等原因希望解除合同，然而《合同法》并未赋予违约方合同解除权。

《民法典》第577条规定：“当事人一方不履行合同义务或者履行合同义务不符合约定的，应当承担继续履行、采取补救措施或者赔偿损失等违约责任。”故当违约情况发生时，继续履行是违约方承担责任的首选方式，这是因为继续履行更有利于合同目的的实现。但对于非金钱债务，在特定情形下，不应适用继续履行。

如在本案中，因为出租的房屋已经涉及安全隐患，房东应该及时对房屋进行修整，但房子一旦动工就无法按合同约定提供正常的居住环境给小何。如果小何坚持不同意解除合同，而房东又无法强迫小何搬离房屋，双方的合同则陷入僵局——既无法解除，又无法履行。对于这类合同僵局的情况，《民法典》增加了相应条款加以解决。

《民法典》第580条规定了当事人一方不履行非金钱债务或者履行非金钱债务不符合约定的，对方可以请求履行，但是有下列情形之一的除外：法律上或者事实上不能履行；债务的标的不适于强制履行或者履行费用过高；债权人在合理期限内未请求履行。有前款规定的除外情形之一，致使不能实现合同目的的，人民法院或者仲裁机构可以根据当事人的请求终止合同权利义务关系，但是不影响违约责任的承担。根据该条第2款新增的规定，对非金钱债务履行，若满足上述三个条件之一致使无法实现合同目的，不论是守约方还是违约方，都可以向法院或仲裁机构申请终止合同关系。

本案中，房东可以房子具有安全隐患，事实上不能按约提供正常的房屋，进而无法实现合同目的为由向人民法院请求终止与小何间的租赁合同关系，若法院审理后，对违约方终止合同的请求予以支持，则小何与房东的租赁合同就能依法终止，双方皆无需继续履行。需要注意的是，合同终止并不影响违约责任的承担，就算小何与房东的租赁合同终止，依照双方的约定，房东仍需向小何支付一个月的租金作为违约赔偿。

生活小贴士

守约方行使合同解除权，仅需单方面向违约方作出意思表示即可解除合同关系；而违约方想要终止合同，只能通过提起诉讼，或申请仲裁，不能单方终止。

违约方请求终止合同仅适用于非金钱债务履行，而对于单纯的金钱债务，如借贷合同，债务人无法偿还债务，则不适用违约方申请终止合同的规定。

法律直通车

《中华人民共和国民法典》

第五百八十条 当事人一方不履行非金钱债务或者履行非金钱债务不符合约定的，对方可以请求履行，但是有下列情形之一的除外：

（一）法律上或者事实上不能履行；

（二）债务的标的不适于强制履行或者履行费用过高；

（三）债权人在合理期限内未请求履行。

有前款规定的除外情形之一，致使不能实现合同目的的，人民法院或者仲裁机构可以根据当事人的请求终止合同权利义务关系，但是不影响违约责任的承担。

4. 买二手车发现卖家不是车主，可否请求卖家承担违约责任？

刚毕业的陈红由于资金紧张，在郊区租了一套房子。但陈红的工作地点在市区，每日利用公共交通奔波非常辛苦，不由地萌生了买车的想法。

通过好友李波的介绍，陈红结识了专门做二手车买卖生意的刘洋。陈红通过微信与刘洋联系，得知其正欲出售一台二手车。陈红在听完刘洋介绍有关此二手车的相关情况后，表示非常满意，欲购买该二手车，便通过微信转账向刘洋支付了定金 5000 元。

刘洋收到定金后，告知陈红车在邻市，于是陈红与刘洋一起去邻市接车。接到车后，陈红看到车崭新漂亮，感到非常满意，便依照刘洋的要求，通过微信转账50000元向刘洋支付了剩余购车款。于是双方签订了《转让协议》，约定将该二手车转至陈红名下，且该二手车自签订之日起交由陈红使用。

陈红接车后驾车从邻市返回其居住的城市，并开始正常使用。然而，好景不长。一日，陈红驾车去超市买东西。买完东西从超市出来后，陈红发现该二手车被他人拖走了。陈红随即向公安局报警。经核实，原来该二手车的车主并非刘洋，而该车也因为涉及抵押债务纠纷被抵押公司拖走。

陈红非常愤怒诉至法院。陈红能否要求刘洋退回购车款并承担违约责任呢?

律师说法

买卖合同中，卖家一般负有交付买卖标的物并移转其所有权的义务。因此，原则上卖家应当对标的物享有所有权或处分权。然而，二手车交易过程中经常出现因为卖家无权处分导致买家最终无法获得所有权的情况，即二手车卖家在不是二手车的产权人或是未获得产权人授权的情况下，仍然擅自出卖二手车，属于无权处分行为。

本案中，刘洋在不拥有二手车所有权的情况下就与陈红签订《转让协议》,而且《转让协议》签订后刘洋也没有得到该二手车所有权人的追认，即属于无权处分。刘洋的无权处分，导致陈红未能依照《转让协议》获得该二手车的所有权，陈红有权要求解除合同并要求刘洋承担违约责任。

二手车交易过程中出现无权处分的，应分三种情况处理：（1）卖家在出卖二手车时属于无权处分，但在买卖合同订立后到合同履行时这段时间内又取得二手车所有权或处分权的，则买卖合同理应继续履行，卖家也应按照买卖合同的约定转移二手车的所有权并完成交付。（2）卖家自买卖合同订立之日起一直未获得二手车的所有权或处分权，合同一直未能履行，那么买家可以主张解除买卖合同并追究卖家的违约责任。（3）卖家虽然无权处分，但履行了合同，交付了二手车，后续如果发生二手车被实际所有权人收走或者其他无法使用二手车的情形，则需要考虑买家是否明知卖家属于无权处分仍然订立买卖合同等因素，才能确定最终需由卖家承担的违约责任。

生活小贴士

二手车交易前，可以提前去车管所查询二手车的相关登记，以免出现买到抵押车、法院查封车及其他卖方无权处分的车等情况。

若在二手车交付使用后又出现被实际权利人收走或者其他无法使用二手车的情形，保留好使用二手车期间因维修二手车或为二手车购买保险支出费用的相应证据，以证明无权处分造成的实际损失。

法律直通车

《中华人民共和国民法典》

第五百九十七条 因出卖人未取得处分权致使标的物所有权不能转移的，买受人可以解除合同并请求出卖人承担违约责任。

法律、行政法规禁止或者限制转让的标的物，依照其规定。

第四章

房产与居住

第一节　物业服务

1. 物业公司可以在小区花园设立收费停车场吗?

某小区由于入住的居民越来越多，原有的停车位越来越紧张，特别是走亲访友的临时停车位严重不足，还曾发生由于部分住户停车不规范引致口角纷争，小区居民都希望能改善停车难的问题。

小区物业管理A公司希望能将小区的部分绿化用地改造成露天的停车位，除缓解停车难问题外还能增加收入。于是他们在没有办理任何手续的情况下就动手将小区部分公共花园改造成停车位，结果引起了业主们的强烈反对，引起纠纷，A公司被小区的业主委员会诉至当地法院，要求小区物业管理A公司将公共花园恢复原状并依照物业管理合同承担相应的违约责任。

停车问题固然扰人，但物业因此就可在没有任何手续的情况下将小区的公共用地改作收费停车场吗?

律师说法

小区物业管理A公司与小区业主所签订的是《物业服务合同》，根据该合同提供相关的物业管理服务，小区的公共花园绿地是小区全体业主共有的，小区物业管理A公司将公共绿化用地改为营业性停车位的行为，根据《民法典》第278条的相关规定，属于改变共有部分的用途或者利用共有部分从事经营活动的行为，因此若该小区物业管理A公司想将公共绿化用地改为营业性停车场应清晰地知道该事项应为需经业主共同决定的事项，所以首先应委托业委会召开业主大会，出席这次会议的业主应当由专有部分面积占比三分之二以上的业主且人数占比三分之二以上的业主参与并对该事项进行表决，同时该表决应当经参与表决专有部分面积四分之三以上的业主且参与表决人数四分之三以上的业主同意才可以实施。故小区物业管理A公司违反了上述法律规定，业委会有权代表全体业主要求小区物业管理A公司将公共花园恢复原状并依照物业管理合同承担相应的违约责任。

生活小贴士

物业管理公司应主动与业委会进行协商，取得业主的支持和配合，对改建停车场的相关收入清晰明了地向业主公开并接受相应监督，并就该部分收入的使用和分配取得业主的同意、签订相关补充协议。

大部分地方性法规基本都有规定，新设或改建停车场的，其设计方案应当征求当地公安交管部门的意见，并经当地规划和自然资源部门审核后，住房建设部门方可办理施工手续。申请开办经营性停车场的，应当向当地公安交管部门或物价部门申请经营性停车场收费许可相关证照。未取得许可证的停车场，不得提供有偿停放服务。

法律直通车

《中华人民共和国民法典》

第二百七十四条 建筑区划内的道路，属于业主共有，但是属于城镇公共道路的除外。建筑区划内的绿地，属于业主共有，但是属于城镇公共绿地或者明示属于个人的除外。建筑区划内的其他公共场所、公用设施和物业服务用房，属于业主共有。

第二百七十五条　建筑区划内，规划用于停放汽车的车位、车库的归属，由当事人通过出售、附赠或者出租等方式约定。

占用业主共有的道路或者其他场地用于停放汽车的车位，属于业主共有。

第二百七十八条　下列事项由业主共同决定：

（一）制定和修改业主大会议事规则；

（二）制定和修改管理规约；

（三）选举业主委员会或者更换业主委员会成员；

（四）选聘和解聘物业服务企业或者其他管理人；

（五）使用建筑物及其附属设施的维修资金；

（六）筹集建筑物及其附属设施的维修资金；

（七）改建、重建建筑物及其附属设施；

（八）改变共有部分的用途或者利用共有部分从事经营活动；

（九）有关共有和共同管理权利的其他重大事项。

业主共同决定事项，应当由专有部分面积占比三分之二以上的业主且人数占比三分之二以上的业主参与表决。决定前款第六项至第八项规定的事项，应当经参与表决专有部分面积四分之三以上的业主且参与表决人数四分之三以上的业主同意。决定前款其他事项，应当经参与表决专有部分面积过半数的业主且参与表决人数过半数的业主同意。

2. 物业公司服务不到位，业主可以不交物业费吗？

因为工作调动，赵晓云购置了新的房产，从A小区搬到了B小区，入住数月之后，赵晓云对B小区非常不满意：小区整体环境差、服务不到位、保安态度差。

某日早上，赵晓云着急去上班，但等了许久电梯都没来，打开业主微信群才发现，物业公司大早上就发布了通知：因电梯故障，暂时无法使用，请各位业主谅解云云。等赵晓云抵达公司果然迟到了，遭到了上级领导的批评。赵晓云气得七窍生烟，认为都是物业公司的错，否则自己不会上班迟到还挨骂。

赵晓云认为，既然物业公司服务不到位，那么自己交费也可以“不到位”，于是她决定不再向物业公司支付物业费，除非物业公司能提升自己的服务水平。经物业公司多次催告，赵晓云依然拒绝补交物业费，于是物业公司将赵晓云告上法院。

可法院的判决结果让赵晓云大吃一惊，原本以为占理的她竟然败诉了，法院判令她补交物业费，并需要承担逾期交纳物业费的违约金。赵晓云不明白，为什么物业服务水平如此低下，自己还必须要交物业费呢？

律师说法

物业管理服务具有公共性和综合性，有别于为单一客户提供的专项定制服务，物业服务的受益主体具有广泛性和差异性，难以实现所有业主的认识完全一致，若少数或个别业主拒交物业费，容易形成对其他已交纳物业费的业主不公平的局面。

物业服务合同属于公共服务合同，物业服务是否存在瑕疵，不应以个别业主的感受为标准。一般而言，业主拒绝交纳物业费的正当理由，应限定在物业公司不履行物业服务合同或者履行合同有重大瑕疵，一般情况下的服务瑕疵不应成为业主拒绝交纳物业服务费的理由。

《民法典》第285条第1款规定："物业服务企业或者其他管理人根据业主的委托，依照本法第三编有关物业服务合同的规定管理建筑区划内的建筑物及其附属设施，接受业主的监督，并及时答复业主对物业服务情况提出的询问。"物业公司理应保证其提供的服务符合其承诺的标准及双方的约定，并接受业主的监督，而业主则享有向物业公司提出批评、建议的权利。当业主认为物业公司服务不到位，可先就服务情况提出询问，而不宜以拒交物业费的方式进行"对抗"。物业公司面对业主的询问，应当及时答复，争取和平化解矛盾。

物业服务还具有即时性、无形性、持续性、长期性等特点，如果业主对物业服务质量不满，可以向业主委员会或物业服务行业行政管理部门反映，由业主委员会、物业服务行业行政管理部门督促物业服务企业进行整改。业主如果有证据表明因物业公司的服务造成业主损失，可另行主张赔偿，以此维护自身权益。

本案中，赵晓云认为的小区整体环境差、服务不到位、保安态度差等问题难以有明确的评判标准，除非赵晓云能证明物业服务合同中对服务内容有明确可量化的标准，且物业服务确实没有按照合同约定的具体项目提供服务的，赵晓云在诉讼中才有胜诉的可能。

生活小贴士

通常情况下，物业公司的服务内容是根据物业服务合同约定的义务来履行的，因此判断物业公司的服务质量达不达标首先看物业公司是否按照物业合同约定的标准和要求履行服务内容。

如果物业公司服务存在重大瑕疵，拒不改进，业主可以通过业主大会解除与物业公司的合同，聘请新的物业公司。需要提醒业主的是，在与物业公司签订物业服务合同时一定要约定清楚物业公司的服务标准及相应的要求和合同解约的条件，以维护自己的合法权益。

实践中，不少小区都会存在业主与物业公司的矛盾，而矛盾之所以出现，大多数原因在于双方没有进行有效的沟通。物业公司应按照物业服务合同约定的标准提供物业管理服务，并畅通与业主沟通的渠道，关注小区物业服务情况，积极与业主进行有效沟通。

法律直通车

《中华人民共和国民法典》

第二百八十五条 物业服务企业或者其他管理人根据业主的委托，依照本法第三编有关物业服务合同的规定管理建筑区划内的建筑物及其附属设施，接受业主的监督，并及时答复业主对物业服务情况提出的询问。

物业服务企业或者其他管理人应当执行政府依法实施的应急处置措施和其他管理措施，积极配合开展相关工作。

第九百三十七条 物业服务合同是物业服务人在物业服务区域内，为业主提供建筑物及其附属设施的维修养护、环境卫生和相关秩序的管理维护等物业服务，业主支付物业费的合同。

物业服务人包括物业服务企业和其他管理人。

第九百三十八条 物业服务合同的内容一般包括服务事项、服务质量、服务费用的标准和收取办法、维修资金的使用、服务用房的管理和使用、服务期限、服务交接等条款。

物业服务人公开作出的有利于业主的服务承诺，为物业服务合同的组成部分。

物业服务合同应当采用书面形式。

第九百四十四条 业主应当按照约定向物业服务人支付物业费。物业服务人已经按照约定和有关规定提供服务的，业主不得以未接受或者无需接受相关物业服务为由拒绝支付物业费。

业主违反约定逾期不支付物业费的，物业服务人可以催告其在合理期限内支付；合理期限届满仍不支付的，物业服务人可以提起诉讼或者申请仲裁。

物业服务人不得采取停止供电、供水、供热、供燃气等方式催缴物业费。

3. 小区电梯投放的广告，收益归谁?

曾先生所在小区的电梯内，原本三面都是反光镜，他在出门和回家的时候，都能借电梯内的镜子整理仪容。2019 年底，曾先生发现电梯内开始投放广告，镜子被遮挡。这不仅影响美观，部分广告内容还带有不良信息，小孩子常常好奇地问这问那，让家长难以回答，颇为尴尬。曾先生也曾向物业公司投诉过，要求拆除电梯内广告，但都不了了之。曾先生虽然对电梯内投放广告很反感，但电梯是生活出行必不可少的工具，只能被动地接受了。

直到 2020 年底，曾先生在手机上刷普法短视频，看到民法典关于小区电梯收益归业主所有的规定。曾先生马上与物业公司沟通，要求物业公司要么支付收益，要么拆除电梯内广告，但物业公司表示广告业务是他们谈下来的，小区公共区域也是属于他们管理的，广告收益应当归物业公司所有，跟业主无关。

曾先生对物业公司的态度及回复极为不满，于是前往律师事务所咨询律师：电梯内是否属于业主的共有部分？在该部分产生的收入是否归业主所有？

律师说法

在实践中，有不少物业服务机构将建筑区划内共有部分所产生的收益，作为经营收益据为己有，这明显侵害了全体业主的合法权益。《民法典》第 271 条针对建筑物专有部分以外的共有部分，明确规定由业主享有共有和共同管理的权利。也就是说，当人们购买某小区的房屋后，除享有自己房屋的专属权利外，还对小区共有部分享有共有和共同管理的权利。而建设在小区作为公用设施的电梯，当然属于共有部分，电梯应当由各业主共有及共同管理。

为了更好地保护业主对小区共有部分的权利，《民法典》第 282 条新增了关于共有部分产生收入的归属之规定。该法条明确规定共有部分产生的收益，在扣除合理成本后，归属全体业主所有。据此，不仅是小区电梯的广告收益，连建筑物的外墙、楼顶、公共停车位等共有部分，因出租或设置广告位等所得收益，在扣除物业服务机构经营过程中的合理成本后，均属业主共有。

那么，在上述案例中，如果曾先生所在小区的电梯广告收入发生在《民法典》实施前，还能适用《民法典》的规定吗？根据《最高人民法院关于适用〈中华人民共和国民法典〉时间效力的若干规定》第 2 条规定，业主的共有收益被侵害且未超过诉讼时效规定的，如果适用民法典的规定更有利于保护民事主体合法权益，更有利于维护社会和经济秩序，更有利于弘扬社会主义核心价值观的，依法可以适用《民法典》的相关规定。

可是，小区有那么多业主，该怎么分配收益呢？根据《民法典》第

283条，业主对此有约定的，按约定分配；没有约定或约定不明确的，按照业主专有部分面积所占比例分配。实践中，有些小区以业主大会决议的形式，将该收益的一部分用于补充公共维修资金，剩余部分再按比例分配给全体业主。

总之，小区电梯的广告收益属于利用业主共有部分产生的共有收益，考虑到物业服务机构在广告洽谈和经营过程中，可能支出一定的费用，故在扣除其合理成本后由业主共有。在收益的分配上，有约定的按照约定分配，没有约定或约定不明的，按照业主专有部分面积所占比例确定。

生活小贴士

有条件成立业主委员会的小区应当尽量成立，业主委员会对于业主来说，除了能够在维权的过程中，集合个人力量为集体力量外，更大的好处在于能够管理自己的物业。例如根据业主大会的决定选聘、续聘物业公司；监督、审核物业公司的各项经费支出；监督和协助物业公司履行物业服务合同；与物业公司有效沟通；促进业主间交流等。

法律直通车

《中华人民共和国民法典》

第二百七十一条 业主对建筑物内的住宅、经营性用房等专有部分享有所有权，对专有部分以外的共有部分享有共有和共同管理的权利。

第二百八十二条 建设单位、物业服务企业或者其他管理人等利用业主的共有部分产生的收入，在扣除合理成本之后，属于业主共有。

第二百八十三条 建筑物及其附属设施的费用分摊、收益分配等事项，有约定的，按照约定；没有约定或者约定不明确的，按照业主专有部分面积所占比例确定。

4. 住宅可以改为商铺使用吗?

小张和小李都是阳光小区A栋的业主，小张住在一层，小李住在其正上方的二层，他俩房屋的性质均为住宅。小张在别处购置房产后搬出。考虑到阳光小区内有很多喜欢宠物的年轻人，觉得是不错的商机，小张便把阳光小区的房屋简单装修一番后改成了宠物店，其间并未征求小区其他相邻业主的同意。

从此，小李的生活受到了极大的影响：宠物店内的吹风机和水枪在工作时会产生非常大的噪声；节假日寄养在此的宠物多达数十只，夜里经常发出刺耳的叫声，把小李吵醒；夏天时从宠物店散发出浓浓的异味，使得小李不得不每天紧闭窗户。

苦不堪言的小李找到小张理论，就宠物店对楼上邻居造成的噪声和异味滋扰表示抗议。小张却认为自己是房屋的所有权人，小李无权干涉自己在房屋里的行为。多次交涉无果，小李经过律师的指导，向法院起诉，请求依法判令小张停止在小区内的经营行为，将房屋恢复成住宅的状态。

小李的主张能得到支持吗?

律师说法

住宅是专供个人、家庭日常生活居住使用的房屋。然而在实际使用过程中，许多临街住宅因为靠近主干道，人流量密集，纷纷被业主改造成小卖部、水果店、餐厅等经营性用房。这种行为干扰了其他业主的正常生活，容易造成邻里不和，引发社会矛盾；还会令小区的车位、电梯、水、电等公共设施的使用更紧张，令出入小区的人员更复杂，容易产生安全隐患，增加小区防火防盗和交通疏导的压力。

本案中，小张把原本用于居住的房屋改为用于经营的房屋，住宅的性质、用途均发生了改变。小张认为自己是住宅的所有权人，享有对住宅绝对的支配权，认为无论把房屋改造成什么样、用作什么用途都与其他人无关。小张这样的观点及行为是不对的。尽管业主在专有房屋区域内享有物权，但任何权利都是有界限的，即在行使权利的时候不能损害他人的休息权、健康权等，否则就侵害了他人的合法权益。

根据《民法典》第 279 条规定，小张把住宅改成经营性用房的行为，须经小区内有利害关系的业主一致同意。同时，小张开设的宠物店必须依法到城市规划、房屋管理和市场监督管理等部门办理相应的审批手续，还得符合国家卫生、环境保护等要求。只有在法定前置审批许可手续均已申办完成时，小张才可以将住宅改变为经营性用房。

本案中，小张未取得小区内有利害关系的业主的一致同意，也未前往相关部门办理报批手续，便擅自进行“住改营”，属违法经营行为。小李要求小张停止在小区内的经营，将房屋恢复成住宅状态的请求，应可获得法院的支持。

业主如果要将住宅改成经营性用房，需要满足以下两个条件：取得有利害关系的业主一致同意；完成跟经营行为相关的审批手续。否则，将极有可能承担不利的法律后果。请注意这里提到的“业主一致同意”，是指全部有利害关系的业主同意，而不是多数或者绝大多数有利害关系的业主同意，可以说是缺一不可。

生活小贴士

“邻里纠纷”中，当事人各方自愿协商、和平解决争端是最好的处理方式。如果协商不成，可共同请求社区人民调解组织对争议进行调解。

对争议的情况，还可请求有关主管部门提供协助，在有效制止违法行为的前提下争取调解处理，不伤和气。调解不成的，任何一方均可诉至法院，请求法院依照法律规定判令过错方排除妨害、消除危险、恢复原状、赔偿损失等。

如果业主将住宅改变为经营性用房的行为，严重影响了其他业主的正常生活，其他业主还有权向环保、卫生防疫、公安、市场监督管理等部门进行投诉。如果业主未经有利害关系的其他业主一致同意，或未办妥相关审批手续而擅自将住宅改变为经营性用房，那么有利害关系的业主可以提起诉讼。

法律直通车

《中华人民共和国民法典》

第二百七十九条 业主不得违反法律、法规以及管理规约，将住宅改变为经营性用房。业主将住宅改变为经营性用房的，除遵守法律、法规以及管理规约外，应当经有利害关系的业主一致同意。

第二百八十八条 不动产的相邻权利人应当按照有利生产、方便生活、团结互助、公平合理的原则，正确处理相邻关系。

《最高人民法院关于审理建筑物区分所有权纠纷案件适用法律若干问题的解释》

第十条 业主将住宅改变为经营性用房，未依据民法典第二百七十九条的规定经有利害关系的业主一致同意，有利害关系的业主请求排除妨害、消除危险、恢复原状或者赔偿损失的，人民法院应予支持。

将住宅改变为经营性用房的业主以多数有利害关系的业主同意其行为进行抗辩的，人民法院不予支持。

第二节 所有权

1.“借名买房”会被法院认定无效吗?

老吴是土生土长的广州人，家庭经济条件不错，在广州当地也有一套住房登记在自己名下。近年来，在股市中连年亏损的老吴对炒股失去信心,于是将目光投向了大家讨论激烈的楼市。在查询广州市限购政策后，老吴发现自己不具备购房资格，于是找到自己的妹夫小李，借用他的购房资格。小李当即愿意配合老吴买房，并与其签订了《借名买房合同》。后来小李与第三人签订《商品房买卖合同》，购买了住宅一套，首付和每月支付的银行按揭贷款资金都来自老吴。

几年后，一直住在新房屋的老吴突然收到法院的腾退通知，要求其限期腾房。大惊失色的老吴向法院打听后得知，小李两年前作为担保人为某公司的500万元银行贷款提供了担保。公司无力偿还贷款后，银行将小李一同告上法庭。法院最终判决小李承担连带责任，依法查封了小李名下的房屋。

得知情况的老吴连忙向法院申请案外人执行异议。经过一审、二审，最终法院判决老吴和小李之间的《借名买房合同》违背公序良俗，属于无效的合同。为什么借名买房合同会被认定无效，借名买房不受法律保护吗?

律师说法

借名买房，是指由借名人与出名人进行约定，借名人作为实际出资人，以出名人的名义购买房屋，并将房屋登记于出名人名下的情形。本案中，老吴为借名人，小李为出名人。

为什么老吴和小李之间的《借名买房合同》被认定无效？理由在于：司法对于“借名买房”行为如不加限制而任其泛滥，则无异于纵容不合理住房需求和投机性购房快速增长，鼓励不诚信的当事人通过规避国家政策红线获取不当利益，这不但与司法维护社会诚信和公平正义的职责不符，而且势必导致国家房地产宏观调控政策落空，影响经济社会协调发展，损害社会公共利益和社会秩序。

另外，如果借名购买的是经济适用房等政策性房屋，因这类房屋是对低收入人群与购房困难家庭的特殊保护，即使借名人与出名人签订了书面购房协议，也会因为规避了政策，导致协议被法院认定为无效。

那是否所有的《借名买房合同》都是无效的呢？其实不然，“借名买房”的动机有多种，如规避限购政策、减少税费、借用经济适用房购房资格、逃避债务、隐藏财产等。一般认为，借名买房协议并未被法律明确禁止，具有一般的合同效力，在不具备违反法律、行政法规的强制性规定和违背公序良俗等法定无效事由时，应属合法有效。

“借名买房”这种变通方式实际上存在很大风险。房地产作为不动产，以物权登记为准。在借名买房的情况下，对外公示的房产所有权人是出名人，即“名义产权人”，而借名人则是“实际产权人”。在房屋满足过户条件时，由于是否协助办理房屋过户的主动权掌握在出名人手中，借名人将面临出名人拒绝过户的风险。更糟糕的是，如果出名人未经过借名人的同意将该房屋擅自出售，且买家是以正常价格购买的，对“借名买房”一事并不知情,那么借名人无法要求撤销出名人和买家之间的合同,无法要回房屋，只能要求出名人承担相应责任。

生活小贴士

如果确实需要采取“借名”的方式买房，要注意以下几点：一是签订书面的《借名买房合同》。多数“借名买房”发生在亲友熟人之间，借名人出于对出名人的信任，未签订任何书面协议，也无法向法院提供足够的证据，导致承担“无法证明双方存在借名买房的法律关系”的不利后果。在审判实践中,《借名买房合同》是认定“借名买房”关系成立最核心的证据。

二是保存好其他关键凭证，如银行账号转账记录、契税发票、房屋物业费、水电费、燃气费、供暖费等缴费凭证，自行居住或对房屋进行出租取得收益，也是认定出名人与借名人“借名买房”关系成立的重要因素。

三是对出名人的财产及信用状况做深入的了解，避免出名人因自身经济问题，导致房屋被出卖、被抵押、被法院查封甚至强制执行，造成借名人的损失。

四是充分利用抵押登记。借名人可以要求出名人到相关部门将房屋抵押登记在借名人的名下，并在抵押合同中明确规定未经过抵押权人允许，抵押人不可以转让抵押财产。房屋抵押登记成功后，出名人无法在借名人不知情的状态下，擅自出卖房屋。

法律直通车

《中华人民共和国民法典》

第一百五十三条 违反法律、行政法规的强制性规定的民事法律行为无效。但是，该强制性规定不导致该民事法律行为无效的除外。

违背公序良俗的民事法律行为无效。

第二百零八条 不动产物权的设立、变更、转让和消灭，应当依照法律规定登记。动产物权的设立和转让，应当依照法律规定交付。

第二百零九条 不动产物权的设立、变更、转让和消灭，经依法登记，发生效力；未经登记，不发生效力，但是法律另有规定的除外。

依法属于国家所有的自然资源，所有权可以不登记。

第四百零六条 抵押期间，抵押人可以转让抵押财产。当事人另有约定的，按照其约定。抵押财产转让的，抵押权不受影响。

抵押人转让抵押财产的，应当及时通知抵押权人。抵押权人能够证明抵押财产转让可能损害抵押权的，可以请求抵押人将转让所得的价款向抵押权人提前清偿债务或者提存。转让的价款超过债权数额的部分归抵押人所有，不足部分由债务人清偿。

2. 父母为子女出资购房的，房屋的权属归谁?

李倩和张涛是一对刚毕业的小情侣，毕业后打算在广州定居成家。于是，在2011年1月15日他们办理了结婚登记手续。但由于双方刚毕业，暂时都无固定收入，距离定居羊城的梦想尚有一段距离。不过，李倩父母是当地小有名气的家具商人，也希望女儿婚后能幸福、安稳地生活。于是，在两人婚后不久，李倩父母决定出资为其购买住房一套，登记在李倩名下。婚后不久，李倩和张涛育有一个女儿，名叫张佳佳，整个家庭其乐融融。

然而，幸福婚姻没过多久，张涛渐渐在社会上结交了一些不三不四的朋友，日渐地沉迷于电子游戏的世界里，甚至上瘾不惜辞去工作。日夜颠倒的他，沉浸在虚拟世界里无法自拔，全然不顾家中妻儿的生活。李倩也感觉到丈夫已难以浪子回头，思考许久后，李倩决定离婚。

于是，李倩就以夫妻感情完全破裂为由，向法院提起诉讼要求与张涛离婚。张涛虽然同意离婚，但主张婚后李倩父母出资购买的住房是夫妻共同财产，应当予以分割。李倩则认为这是自己父母出资为自己购买的，属于个人财产。

那么，法院究竟该如何认定该房屋的产权呢？

律师说法

李倩父母是在李倩与张涛婚后出资为二人买房的。依据《最高人民法院关于适用〈中华人民共和国民法典〉婚姻家庭编的解释（一）》第29条第2款的规定，要认定父母出资购买的房产是否属于夫妻共同财产，得从出资时间、出资人及房屋登记这几个维度来综合判断，具体参考下表：

不同维度下的房产权属

出资时间	出资人	房屋登记	房产权属
婚前	其中一方父母全额出资	出资方子女名下	出资方子女一方的婚前个人财产
	其中一方父母已支付了首付款	出资方子女名下	假如婚后一直由夫妻二人共同还贷，离婚时则会将房子判归登记方所有，登记方继续支付剩余贷款。对于婚内共同还贷（包括本金和利息）及增值部分，由登记方补偿另一方
		另一方子女名下	双方的夫妻共同财产。父母明确表示赠与登记方或者双方之间有其他相反约定的除外
		双方子女名下	双方的夫妻共同财产。有约定共有方式则以约定共有，无约定则视为等份共有

续表

出资时间	出资人	房屋登记	房产权属
婚前	双方父母均出资	双方子女名下	双方的夫妻共同财产，并应当认定父母的出资为对各自子女的赠与
		其中一方名下	
婚后	其中一方父母全额出资	出资方子女名下	有协议约定的，按照约定，没有约定或约定不明的，推定为对夫妻双方的赠与，属于共同财产
		双方子女名下	双方的夫妻共同财产，但有协议明确约定赠与一方的除外
	其中一方父母已支付了首付款	出资方子女名下	双方的夫妻共同财产，父母出资部分视为对双方的赠与，但有协议明确约定赠与一方的除外
		双方子女名下	
	双方父母出资	其中一人名下	双方的夫妻共同财产
		双方名下	

因此，李倩父母给李倩购买的房产是否属于李倩和张涛夫妻共同财产，我们可以根据上表得出结论：首先得看李倩父母、李倩和张涛之间对于出资的性质、房屋权属有无约定。有约定的，按照约定，没有约定或约定不明确的，推定为对夫妻双方的赠与，属于共同财产。

生活小贴士

假如婚后父母决定出资买房，建议由出资的父母、子女和子女的配偶一起签订书面的协议，明确约定父母出资的性质是借款还是赠与。

如果是赠与，需订立赠与合同，能办公证的尽量办公证。合同中约定清楚是只赠与给己方子女，还是赠与给子女及其配偶；如果是借款，需订立借款合同。合同中约定清楚利息和还款期限等信息，并附上转账凭证等记录。即使因亲人关系，不好意思签订借款合同人，最起码在转账凭证上备注款项用途。

我国的不动产实行的是登记制，夫妻二人应对父母出资的房屋作相应、充足的沟通，尽早在婚内确定房子归属一方或二人，并前往房管局办理变更登记，以便日后产生纠纷能依据登记分割房屋。

法律直通车

《中华人民共和国民法典》

第一千零六十二条 夫妻在婚姻关系存续期间所得的下列财产，为夫妻的共同财产，归夫妻共同所有：

（一）工资、奖金、劳务报酬；

（二）生产、经营、投资的收益；

（三）知识产权的收益；

（四）继承或者受赠的财产，但是本法第一千零六十三条第三项规定的除外；

（五）其他应当归共同所有的财产。

夫妻对共同财产，有平等的处理权。

第一千零六十三条 下列财产为夫妻一方的个人财产：

（一）一方的婚前财产；

（二）一方因受到人身损害获得的赔偿或者补偿；

（三）遗嘱或者赠与合同中确定只归一方的财产；

（四）一方专用的生活用品；

（五）其他应当归一方的财产。

《最高人民法院关于适用〈中华人民共和国民法典〉婚姻家庭编的解释（一）》

第二十九条 当事人结婚前，父母为双方购置房屋出资的，该出资应当认定为对自己子女个人的赠与，但父母明确表示赠与双方的除外。

当事人结婚后，父母为双方购置房屋出资的，依照约定处理；没有约定或者约定不明确的，按照民法典第一千零六十二条第一款第四项规定的原则处理。

3. 夫妻一方可以私自出售房产吗?

2015年3月，小刘和小王在婚后用共同的积蓄购了房，登记在小刘的名下。2020年，夫妻俩感情恶化，正当小王准备提起离婚诉讼时，却意外发现双方婚后购买的房产被小刘单方出售给孙某，且已经完成了房屋过户手续。孙某在房屋买卖合同签订时向小刘支付了购房定金，办理房屋过户手续当天又向小刘全额支付了剩余的房款。

小王得知此事后，表示其不同意出售该房产，要求解除小刘与孙某之间的房屋买卖合同，并要求孙某返还房屋。孙某则表示其对该房屋的共有情况不知情，此前已向小刘足额支付了房屋价款，且孙某当时已入住该房屋，并取得了房屋的不动产权证。因此，孙某认为小王无权要求自己返还房屋。

小刘则表示房产原登记在自己名下，自己有权出售房屋。小王认为自己对房屋所享有的共有权受到侵害，无奈之下把小刘和孙某诉至法院。共同出资但只登记在其中一方名下，还能算共有财产吗？登记一方可以单独出售房子吗?

律师说法

上述案例中，虽然房产仅登记在小刘一人名下，但该房产是夫妻两人婚后用共同的积蓄所购，因此该房产应当认定为小刘与小王的夫妻共同财产，小王是该房屋的共有权人之一，不论房产证上是否登记了小王的名字，均不影响小王对房产享有的合法权益。

《民法典》第 1062 条规定，夫妻对共同财产有平等的处理权。但是非因日常生活需要而对夫妻共同财产作出重要决定时，双方应当平等协商一致。此外，除非有明确约定，夫妻共同财产属于夫妻双方共同共有，对共同共有的不动产或动产进行处分时，应当经全体共有人一致同意。小刘未经小王的同意擅自出售房屋，违反了关于处分夫妻共同财产的法律规定，出售房屋已明显超出了日常家庭生活需要的法定范畴，因此小刘擅自出售房屋属于无权处分共有财产的行为。

孙某在与小刘签订房屋买卖合同时，如果履行了必要的注意义务，也不知悉房屋上存在其他权利主体，因信任房屋登记机关记载的产权人是小刘而与其进行交易，房屋买卖合同约定的购买价格合理，且孙某已实际支付全部房屋价款，并办理产权过户登记手续，则不动产物权登记已经发生了法律效力，这时孙某是法律意义上的善意相对人，依法可以取得房屋的所有权。假设小王提出异议时孙某尚未向小刘付清房屋的全部价款，或者虽已支付了全部房款但尚未办理房屋过户手续，则孙某依然不能取得该房屋的所有权，而只能解除与小刘的房屋买卖合同，把房屋退还。

本案中，小王起诉请求解除孙某与小刘的房屋买卖合同并请求孙某返还房屋，将无法得到法院的支持。但小王可以通过在离婚诉讼中提出追究小刘擅自处分夫妻共同财产给其造成的损失（又称“离婚损害赔偿请求”）而获得相应的补偿。

生活小贴士

夫妻一方因家庭日常生活需要而处分共同财产的行为，视为夫妻基于共同的意思表示而为之，对双方均具约束力，双方须共同承担连带责任。我国法律规定的日常家庭生活需要通常是指购买家庭必要的日用品、医疗医药服务费用、家庭娱乐、体育锻炼及文化消费、子女教育等，还包括基于家庭社交需要而向亲友进行小额财产赠与或接受馈赠等。夫妻任何一方擅自处分共有的或对方的不动产，通常不属于日常家事范围。

离婚损害赔偿请求必须在离婚诉讼中提出，不起诉离婚而单独提出损害赔偿请求，或在对方提起离婚诉讼后不同意与对方离婚却又提出损害赔偿请求的，人民法院不予支持。

法律直通车

《中华人民共和国民法典》

第三百一十一条 无处分权人将不动产或者动产转让给受让人的，所有权人有权追回；除法律另有规定外，符合下列情形的，受让人取得该不动产或者动产的所有权：

（一）受让人受让该不动产或者动产时是善意；

（二）以合理的价格转让；

（三）转让的不动产或者动产依照法律规定应当登记的已经登记，不需要登记的已经交付给受让人。

受让人依据前款规定取得不动产或者动产的所有权的，原所有权人有权向无处分权人请求损害赔偿。

当事人善意取得其他物权的，参照适用前两款规定。

第一千零六十条 夫妻一方因家庭日常生活需要而实施的民事法律行为，对夫妻双方发生效力，但是夫妻一方与相对人另有约定的除外。

夫妻之间对一方可以实施的民事法律行为范围的限制，不得对抗善意相对人。

第一千零六十二条 夫妻在婚姻关系存续期间所得的下列财产，为夫妻的共同财产，归夫妻共同所有：

（一）工资、奖金、劳务报酬；

（二）生产、经营、投资的收益；

（三）知识产权的收益；

（四）继承或者受赠的财产，但是本法第一千零六十三条第三项规定的除外；

（五）其他应当归共同所有的财产。

夫妻对共同财产，有平等的处理权。

《最高人民法院关于适用〈中华人民共和国民法典〉婚姻家庭编的解释（一）》

第二十八条　一方未经另一方同意出售夫妻共同所有的房屋，第三人善意购买、支付合理对价并已办理不动产登记，另一方主张追回该房屋的，人民法院不予支持。

夫妻一方擅自处分共同所有的房屋造成另一方损失，离婚时另一方请求赔偿损失的，人民法院应予支持。

4. 已出租并办理了抵押登记的房屋能否出售?

小郭大学毕业后回到家乡发展。父母考虑到小郭到了适婚年龄，就买了一套精装修的房屋给小郭留作婚房，且登记在小郭名下，还给了他一笔钱。在同学聚会的酒桌上，小郭听到昔日的同桌小黄在股市里赚了不少钱，就积极请教了起来。在小黄的指导下，小郭在股市赚了不少钱，就放弃了找工作的念头，开始“专职”炒股。

不久后，股市行情突变，重仓的小郭亏了本金。为了筹集资金，小郭把新房低价对外出租，租期为五年，而且要求租客一次性付清租金。因为租金价格非常有吸引力，新房很快就被租了出去。拿到租金的小郭马上又杀回了股市，但短短半个月就“折戟沉沙”，本金所剩无几。固执的小郭认为这只是运气不好，如果再给他一次机会，肯定能把钱都赚回来。小郭找到小黄借钱时，小黄虽然心里不愿意，但考虑到小郭愿意拿新房做抵押，且新房的价值远远高于借款金额，自己的本息有保障，于是答应了。半年后，再次把借款也亏得一无所有的小郭发现：当初与小黄签订的抵押合同中，并未约定不能转让房屋，于是偷偷将房屋卖给了他人。

到了约定还款的日子，小黄找到小郭要求还钱，才发现小郭的售房款也在股市里给亏空了。一气之下，小黄将小郭起诉至法院。

律师说法

小郭是房屋的所有权人，对房屋享有占有、使用、收益、处分等权利。因此，小郭有权对房屋进行出租、抵押、出售等处分行为。那么，被出租的房屋能否进行抵押呢？答案是肯定的，小郭出租房屋的行为，是将五年内对房屋的占有、使用权利让渡给承租人，由此获得租金收益的行为。而为房屋设立抵押权则是小郭对房屋行使处分权的一种形式，两者并不冲突。《民法典》第405条规定，抵押权设立前，抵押财产已经出租并转移占有的，原租赁关系不受该抵押权的影响。该法律条文也进一步印证了“被出租的房屋可以抵押”的观点。

小郭将已经出租和抵押的房屋进行出售的行为又该如何评价呢？首先，我国《物权法》（已失效）曾规定了未经抵押权人同意，不得转让抵押财产。但《民法典》的出台取代了《物权法》，并在第406条作出完全不同的规定，即抵押期间，抵押人可以转让抵押财产。当事人另有约定的，按照其约定。结合《民法典》第725条之规定，小郭在小黄不知情的情况下，出售已经出租及抵押的房产是合法有效的，但不影响抵押权的存在。其次，小郭在售房时，房屋的承租人享有以同等条件优先购买的权利，小郭应在出售房屋前的合理期限内通知承租人。再次，承租人放弃购买的，房屋被出售后，租赁合同继续有效，房屋的买受人（即房屋新的所有权人）应当继续履行租赁合同的约定。最后，小郭在出售房屋后应及时通知小黄，小黄有权请求小郭将售房款提前清偿相应的债务或者提存，如果小郭的行为给小黄造成损失，也应当承担法律责任。

生活小贴士

抵押权人在签订主合同或抵押合同时，可增加禁止或限制转让抵押物的条款及约定相应的违约责任；如约定允许转让抵押物的，则应明确抵押人的通知义务及提前清偿债务的方式、期限、违约责任等。

购房者在购房前要充分了解房屋的情况，尤其是租约、抵押等情况，并在购房合同中作相应的约定，避免造成损失或纠纷。

法律直通车

《中华人民共和国民法典》

第三百九十四条　为担保债务的履行，债务人或者第三人不转移财产的占有，将该财产抵押给债权人的，债务人不履行到期债务或者发生当事人约定的实现抵押权的情形，债权人有权就该财产优先受偿。

前款规定的债务人或者第三人为抵押人，债权人为抵押权人，提供担保的财产为抵押财产。

第四百零五条　抵押权设立前，抵押财产已经出租并转移占有的，原租赁关系不受该抵押权的影响。

第四百零六条 抵押期间，抵押人可以转让抵押财产。当事人另有约定的，按照其约定。抵押财产转让的，抵押权不受影响。

抵押人转让抵押财产的，应当及时通知抵押权人。抵押权人能够证明抵押财产转让可能损害抵押权的，可以请求抵押人将转让所得的价款向抵押权人提前清偿债务或者提存。转让的价款超过债权数额的部分归抵押人所有，不足部分由债务人清偿。

第七百二十五条 租赁物在承租人按照租赁合同占有期限内发生所有权变动的，不影响租赁合同的效力。

第七百二十六条 出租人出卖租赁房屋的，应当在出卖之前的合理期限内通知承租人，承租人享有以同等条件优先购买的权利；但是，房屋按份共有人行使优先购买权或者出租人将房屋出卖给近亲属的除外。

出租人履行通知义务后，承租人在十五日内未明确表示购买的，视为承租人放弃优先购买权。

5. “一房多卖”，房屋产权到底归谁?

小徐看上了老赵名下的一套地段和价格都非常合适的房屋，但由于限购政策的影响，小徐不具备购房资格，便与老赵在《房屋买卖合同》中约定一年后在小徐取得购房资格的情况下再办理过户登记，小徐在签订合同之日先支付30%的价款。为保险起见，小徐当天就办理了预告登记。

4个月后，老赵因公急需大笔资金周转。无计可施的老赵遂将房屋以市场价八折的价格与小周签订《房屋买卖合同》，但约定在半年后才办理过户登记。为了打消小周的顾虑,老赵主动将房屋钥匙交给小周,让他“免费”住在里面。半年过去，面对小周不断的过户催促和楼价连涨的利好，老赵这时心生一计，找到亲人小吴签订了虚假的《房屋买卖合同》，并将房屋登记在小吴名下。办好这一切后，老赵告知小徐和小周房屋已经卖给了别人，并要求解除合同。

一套房产，却卖给了三个人，房屋产权到底归谁呢？

律师说法

“一房多卖”也称“房屋多重买卖”和“一房数卖”,是指出卖人（本案中为老赵）以同一房屋为标的物订立数个买卖合同，分别出售给数个买受人（本案中为小徐、小周和小吴）的行为。一房多卖的情形下，出卖人的目的往往是单方面解除合同、套取资金甚至诈骗钱财等。

值得注意的是，小徐虽然办理了预告登记，但其在 90 天内未办理申请登记（即过户），预告登记已失效。那么，当数个买受人（小徐、小周和小吴）都主张老赵履行合同时，法院会支持谁的请求呢？一般来说，权利保护顺位从高到底如下：经办理房屋所有权变更登记、合法占有房屋以及合同履行情况、买卖合同成立先后等。我们可以看到，第一顺位的是办理房屋所有权变更登记的小吴，但法律同时规定恶意办理登记的买受人，其权利不能优先于已经合法占有该房屋的买受人，即小吴的权利不能优于小周，且小周的权利优于小徐，故法院会支持小周的主张。小徐可以解除合同，要求老赵返还已付购房款及利息，并赔偿自己的损失。

生活小贴士

在购置房产时，购买者应当做好风险审查，查验不动产权证书原件，检查房屋出卖人是否为权利人，是否有权处分不动产。卖方是开发商的，还要检查其是否有商品房预售许可证。实地考察房屋的现状及是否有人租住。有条件的，应全面了解卖方的资信情况。

办理预告登记，并在有效期内申请登记。经过预告登记的房屋，没有经过权利人同意，房屋出卖人是不可以为其他买受人办理房屋过户登记的。但需要注意的是，预告登记存在90天的有效期，购房者应尽早办理过户手续。

合同中应当约定违约金。房价短期大幅上涨是导致部分“一房多卖”现象出现的原因，因此在签订房屋买卖合同时，可以在合同中约定涉及一房多卖的违约金条款约束卖家。当卖家违约时，买家可以根据合同中的违约条款向卖家追讨违约金以及因此而造成的经济损失。

法律直通车

《中华人民共和国民法典》

第二百二十一条 当事人签订买卖房屋的协议或者签订其他不动产物权的协议，为保障将来实现物权，按照约定可以向登记机构申请预告登记。预告登记后，未经预告登记的权利人同意，处分该不动产的，不发生物权效力。

预告登记后，债权消灭或者自能够进行不动产登记之日起九十日内未申请登记的，预告登记失效。

第五百六十三条 有下列情形之一的，当事人可以解除合同：

（一）因不可抗力致使不能实现合同目的；

（二）在履行期限届满前，当事人一方明确表示或者以自己的行为表明不履行主要债务；

（三）当事人一方迟延履行主要债务，经催告后在合理期限内仍未履行；

（四）当事人一方迟延履行债务或者有其他违约行为致使不能实现合同目的；

（五）法律规定的其他情形。

以持续履行的债务为内容的不定期合同，当事人可以随时解除合同，但是应当在合理期限之前通知对方。

第五百七十七条 当事人一方不履行合同义务或者履行合同义务不符合约定的，应当承担继续履行、采取补救措施或者赔偿损失等违约责任。

第五百八十五条 当事人可以约定一方违约时应当根据违约情况向对方支付一定数额的违约金，也可以约定因违约产生的损失赔偿额的计算方法。

约定的违约金低于造成的损失的，人民法院或者仲裁机构可以根据当事人的请求予以增加；约定的违约金过分高于造成的损失的，人民法院或者仲裁机构可以根据当事人的请求予以适当减少。

当事人就迟延履行约定违约金的，违约方支付违约金后，还应当履行债务。

6. 购房合同中违约金约定过高是否可以调整?

李明为了改善生活水平，准备将自己名下的一套房子出售，重新购买一套面积更大的新房子。李明挂牌售房后不久，陈玲联系李明，告知李明她希望购买李明的房子。于是双方签订了《房屋买卖合同》，约定陈玲在合同签订之日支付定金 100 万元，办理过户手续之日支付尾款 400

万元。李明需在陈玲支付定金后一个月内配合办理过户手续。若李明后续未按照合同约定配合办理过户手续的，陈玲有权要求李明支付房屋总价 30% 的违约金。在双方签订合同之后，李明与陈玲一起前往银行办理了贷款审批的面签手续，并递交了相关材料。

正当陈玲以为很快就可以顺利购房时，却收到李明寄来的解除合同通知书。原来，李明出售的房屋是李明与妻子的婚内共同财产。李明妻子去世后，该房屋发生了继承，由李明与儿子小李共有。而小李在知道父亲李明擅自出卖房屋后，表示非常生气，不同意李明将房屋出售给陈玲。李明与小李协商无果，只能告知陈玲，他愿意向陈玲退还已经收取的 100 万元定金。

陈玲收到李明寄来的解除合同通知书后，非常生气。正当陈玲准备一纸诉状将李明诉至法院时，却又收到了李明要求继续履行合同的通知书。陈玲认为李明多次反复的行为其实就是不想出售房屋给自己，最终陈玲还是将李明诉至法院，要求李明按合同约定承担违约金 150 万元。

然而，法院经审理后认为，李明虽然确实存在违约行为，但并未对陈玲造成过大的实际损失，法院酌定将违约金调整为 100 万元。

在现实生活中，违约金金额多大才会被认定为过高？在什么情况下可以调整呢？

律师说法

房屋交易过程中最常见的违约责任是违约金，即买卖双方在房屋买卖合同中约定，买卖双方任意一方不按照房屋买卖合同履行的，违约一方需向守约一方支付一定数额的金钱补偿。如果合同约定了违约金数额或违约金计算方式的，则按照合同约定计算。

但根据公平原则，若合同双方约定的违约金低于或过分高于造成的损失的，司法机关可以根据实际情况酌情调整。本案中，陈玲与李明约定的违约金实际上是房屋总价的 30%，以此计算出违约金的数额本应为 150 万元，但法院最终判定违约方李明只需承担 100 万元的违约金。实际上，衡量违约金是否过高或过低的最重要的标准是违约行为造成的实际损失。除了实际损失外，司法机关在调整违约金时还会考量合同的履行情况、买卖双方的过错程度、预期利益等。而根据“谁主张，谁举证”的原则，如果违约方觉得违约金过分高于违约行为造成的实际损失，则应由违约方举证说明。反之，如果守约方觉得违约金过分低于违约行为造成的实际损失，则应由守约方举证说明。

除此之外，裁判机关在处理此类案件时，也存在相对量化的标准。如果违约方以约定的违约金过高为由请求减少的，裁判机关可以违约金超过造成的损失 30% 为标准适当减少。如果守约方以约定的违约金低于造成的损失为由请求增加的，裁判机关可以违约造成的损失确定违约金数额。因此，建议房屋买卖双方在约定违约金时，根据实际情况，在充分考虑预期可得利益的基础上设置合适的金额。

生活小贴士

房屋交易过程中，建议买房一方在签订房屋买卖合同前先核实卖房一方是否为房屋的真正产权人或者唯一产权人，以免卖房一方以此为由拒绝履行合同。

房屋交易过程中，建议房屋交易双方保留履行合同的相应证据，以用于证明实际损失。

法律直通车

《中华人民共和国民法典》

第五百八十五条 当事人可以约定一方违约时应当根据违约情况向对方支付一定数额的违约金，也可以约定因违约产生的损失赔偿额的计算方法。

约定的违约金低于造成的损失的，人民法院或者仲裁机构可以根据当事人的请求予以增加；约定的违约金过分高于造成的损失的，人民法院或者仲裁机构可以根据当事人的请求予以适当减少。

当事人就迟延履行约定违约金的，违约方支付违约金后，还应当履行债务。

《最高人民法院关于审理商品房买卖合同纠纷案件适用法律若干问题的解释》

第十二条 当事人以约定的违约金过高为由请求减少的，应当以违约金超过造成的损失30%为标准适当减少；当事人以约定的违约金低于造成的损失为由请求增加的，应当以违约造成的损失确定违约金数额。

7. 贷款买房还不起了，银行对按揭房屋是否享有优先受偿权？

刚闪婚三个月的小程和小李，向往在大城市里拥有自己的家，但二人与大多数年轻人一样，目前的积蓄并不能承担市区如此高昂的房价。于是，两人向亲戚借钱一起凑到了首付。

经朋友介绍参观了在售的快乐小区楼盘并了解了贷款条件及交房时间。小程和小李计算了他们拥有的首付和每月的收入，为了能尽快结婚,两人在一周后便一起到销售中心签购房合同。2018年12月1日,双方与商业银行快乐路支行(贷款人)、快乐房地产公司(保证人)签订了《个人购房担保借款合同》一份。按揭贷款手续办妥后,两人便举办了婚礼。

好景不长,夫妻二人新房还没住热,小程就因所在的公司经营不善、被迫离职等经济问题连续数月未能偿还银行本息和亲戚的借款,经几次催告还款未果后,银行决定起诉至法院要求小程提前返还全部借款本金、支付利息、罚息和复利。小李作为小程债务共同还款责任人,也承担共同还款责任。那么,若小程和小李仍无法还钱,该抵押房屋拍卖后的价款应先偿还给银行还是他们的亲戚呢?

律师说法

年轻人为购房到银行办理按揭贷款,由银行向开发商支付购房款,再由买房人向银行分期偿还借款本息,已成为现代人的常用购房模式。在这种模式下,银行发放按揭贷款时,通常该按揭房屋都不能马上"交房"。需要在竣工验收后,才能办理所有权首次登记,再"交房"给购房人。而且,商品房预售时因没有完成上述物权登记。所以不具备办理正式抵押登记条件,对银行来说是巨大的风险。因此,为促进商品房市场交易并保障借出去的钱不会因购房人还不起而"打水漂",银行会先办理抵押预告登记作为过渡性担保措施再予以发放贷款。抵押预告登记的作出可以使期房买卖得到公示,具有对抗第三人的效力,即法律会保护有登记的一方,优先享有权利。在借款人还不起贷款时,银行还可行使优先受偿权,即其他所有可对按揭房屋拍卖获得财产的债权人都靠后,从而保障自身债权的实现。

在《民法典》出台之前,抵押权预告登记权利人是否享有优先受偿权,司法裁判判决结果针对不同个案处理不同，既有支持的案例，也有不支持的案例。但2021年1月1日印发的《最高人民法院关于适用〈中华人民共和国民法典〉有关担保制度的解释》第52条第1款规定："当事人办理抵押预告登记后，预告登记权利人请求就抵押财产优先受偿，经审查存在尚未办理建筑物所有权首次登记、预告登记的财产与办理建筑物所有权首次登记时的财产不一致、抵押预告登记已经失效等情形，导致不具备办理抵押登记条件的，人民法院不予支持；经审查已经办理建筑物所有权首次登记，且不存在预告登记失效等情形的，人民法院应予支持，并应当认定抵押权自预告登记之日起设立。"则有条件地支持了抵押权预告登记权利人的抵押优先受偿权。

因此，小程、小李购买的房屋已为银行贷款债务提供抵押担保并已办理抵押预告登记，并且快乐房地产开发商已就该房屋的所有权首次登记进行办理，已具备抵押登记条件。所以根据上述法律，可以认定商业银行快乐路支行享有优先受偿权。

可能会有一些人担心《民法典》该抵押预告登记制度的更新会减损借款人的合法权益。但实际上即使不认为银行对已办理抵押预告登记的按揭房屋有优先受偿权，借款人仍应以其履行还款义务。当借款人还不上时，银行仍可以在执行阶段要求法院强制执行借款人包括按揭房屋在内的全部财产以获得受偿。

生活小贴士

由于《民法典》确认抵押预告登记具有优先受偿权，建议借款人在争议发生时，确认案涉抵押预告登记是否符合优先受偿的法定条件，如案涉房屋是否竣工并交付使用、所有权首次登记是否办理、银行对于预告登记失效是否存在过错。

在与开发商、银行签订贷款合同时应注意询问是否与存在办理预告登记之约定，预告登记有阻却物权变动之效力，可以有效地防止因开发商一房二卖而导致的纠纷，以保证买受人能够顺利取得商品房产权。

法律直通车

《中华人民共和国民法典》

第二百二十一条 当事人签订买卖房屋的协议或者签订其他不动产物权的协议，为保障将来实现物权，按照约定可以向登记机构申请预告登记。预告登记后，未经预告登记的权利人同意，处分该不动产的，不发生物权效力。

预告登记后，债权消灭或者自能够进行不动产登记之日起九十日内未申请登记的，预告登记失效。

《最高人民法院关于适用〈中华人民共和国民法典〉有关担保制度的解释》

第五十二条 当事人办理抵押预告登记后，预告登记权利人请求就抵押财产优先受偿，经审查存在尚未办理建筑物所有权首次登记、预告登记的财产与办理建筑物所有权首次登记时的财产不一致、抵押预告登记已经失效等情形，导致不具备办理抵押登记条件的，人民法院不予支持；经审查已经办理建筑物所有权首次登记，且不存在预告登记失效等情形的，人民法院应予支持，并应当认定抵押权自预告登记之日起设立。

当事人办理了抵押预告登记，抵押人破产，经审查抵押财产属于破产财产，预告登记权利人主张就抵押财产优先受偿的，人民法院应当在受理破产申请时抵押财产的价值范围内予以支持，但是在人民法院受理破产申请前一年内，债务人对没有财产担保的债务设立抵押预告登记的除外。

8. 违法建筑能抵押吗？

十年前，做物流生意的A公司向B村租赁了一块近郊的建设用地，并在地上搭建一些铁棚作为货仓。由于城市化运动的开展，曾经的近郊慢慢发展起来，聚拢了一些人气。眼见着这几年房地产热潮的兴起，A公司也不由得动了心，打起了房地产的主意。A公司看看自己刚刚向B村续租的宝地，又看看这附近越来越多的打工族，心想：反正这几年物流行业竞争那么大，与其一直把宝地当货仓，还不如盖点房子卖给这附近的刚需人群。

说干就干，A公司联系上包工头，开始打地基了。A公司自知什么手续都没办，就跟政府监管部门玩起了“躲猫猫”，愣是坚持到把楼盖了一半。此时，A公司的现金流出现了问题，本想着靠卖房赚钱，没想到还没盖好钱就不够了。都盖了一半哪能半途而废呢？A公司记得之前看新闻，提到正在建设中的建筑物也是可以抵押的，这不正好可以把建了一半的楼拿去银行抵押借点钱出来继续盖楼？

带着这个疑问，A公司找到律师咨询：这半幢没办手续的、正在建设中的楼房可以抵押吗？

律师说法

虽然《民法典》规定了建造中的建筑物可以作为抵押物，《最高人民法院关于适用〈中华人民共和国民法典〉有关担保制度的解释》第49条规定了“以违法的建筑物抵押的，抵押合同无效”。要判断一幢建筑物是否属于违法建筑，关键要看该建筑物是否经过行政审批。上述案例涉及的是一宗集体建设用地，集体建设用地是不能用来开发商品房并出售的，这是一个常识。不过，根据《土地管理法》第63条第

1款“土地利用总体规划、城乡规划确定为工业、商业等经营性用途，并经依法登记的集体经营性建设用地，土地所有权人可以通过出让、出租等方式交由单位或者个人使用……”的规定，即在符合规划并取得用地批准的前提下，集体建设用地上还是可以建设普通的建筑物的。

想要在集体建设用地上建设一幢建筑物，A公司应当在开工建设前就向相关部门申请办理项目的核准或者备案手续，也就是通常讲的项目立项。立项后，还要经过规划审批、用地审批、施工许可等并取得相关批准书或证件后，才能开工建设。根据不同的项目性质，需要接受不同政府部门的监管，最终才能在竣工验收后办理产权证明。不难想见，A公司未履行任何行政审批手续就开工建设，其建设的建筑物应当属于违法建筑，不能进行抵押。

而《民法典》第395条规定的“正在建造的建筑物”可以抵押的前提与本案违法建筑物情况不同，是指取得各项行政审批的合法建筑物可以抵押。当然，有些行政审批手续是可以补办的，所以最高人民法院相关司法解释规定以“一审法庭辩论终结前已经办理合法手续的”建筑物抵押的抵押合同有效。

生活小贴士

上述案例提到的办理抵押贷款时签订的借款合同属于主合同，抵押合同属于从合同。如果从合同被认定无效的，要按照各方的过错程度承担责任。

法律直通车

《中华人民共和国民法典》

第三百九十五条 债务人或者第三人有权处分的下列财产可以抵押：

（一）建筑物和其他土地附着物；

（二）建设用地使用权；

（三）海域使用权；

（四）生产设备、原材料、半成品、产品；

（五）正在建造的建筑物、船舶、航空器；

（六）交通运输工具；

（七）法律、行政法规未禁止抵押的其他财产。

抵押人可以将前款所列财产一并抵押。

《最高人民法院关于适用〈中华人民共和国民法典〉有关担保制度的解释》

第四十九条 以违法的建筑物抵押的，抵押合同无效，但是一审法庭辩论终结前已经办理合法手续的除外。抵押合同无效的法律后果，依照本解释第十七条的有关规定处理。

当事人以建设用地使用权依法设立抵押，抵押人以土地上存在违法的建筑物为由主张抵押合同无效的，人民法院不予支持。

9. 建设用地使用权到期后，其上的房屋何去何从？

小莫年近70岁的父亲有一套住宅，父亲有意订立遗嘱，将来在他去世之后由小莫一人继承该住宅。

该住宅是小莫的父亲在20世纪80年代购买的商品房，不动产权证载明了房屋的使用年限为70年。小莫和父亲都担心70年到期后，房屋会被收走或无法继续使用。小莫咨询了许多亲戚朋友，得到的答复各不相同，有人说不用理会使用年限，国家一定不会与民争利；还有人说70年到期之后要交使用费，否则房屋就不能继续使用了。

由于对房屋的使用年限到期之后的处理方式众说纷纭，小莫和父亲实在担心，即使立了遗嘱，但万一使用年限到期后房子被国家收走，遗嘱最终也只是一纸空文。为此，小莫和父亲特地前往律师事务所咨询律师：建设用地使用权到底是什么？它与居住权必然挂钩吗？

律师说法

对于房屋等不动产，首先要区分两项不同的权利：一项是房屋所有权，根据法律规定，房屋所有权是没有期限的，只要房屋不灭失损毁，房屋所有权就长期属于房屋的产权人，产权人对房屋享有占有、使用、收益、处分等权利，而且产权人的继承人也有权继承房屋。另一项是房屋占地范围内的建设用地使用权（又称“土地使用权”），建设用地使用权是有期限的，对于住宅而言，建设用地使用权期限是70年，自房地产开发企业取得该地块的建设用地使用权之日起计算。上述案例中，小莫和其父亲所说的“不动产权证载明了使用年限为70年”，就是指建设用地使用权的年限，并非指房屋所有权的年限。房屋所有权人可以在自己的不动产权证上查找到该房屋占地范围内的建设用地使用权的具体期限。

那么，住宅的土地使用期限届满了，房屋属于谁呢？房屋所有权人还能继续使用房屋吗？根据《民法典》第359条的规定，住宅建设用地使用权期限届满的，自动续期。也就是说，住宅的土地使用权在期满后是自动续期的，但对于自动续期的期限有多长，自动续期后是否需要到相关政府部门进行确认、登记、缴费，若需缴费应如何计算费用等一系列问题，《民法典》及相关法律法规暂无具体规定。

因此，案例中的小莫和父亲不需要担心不动产权证载明的土地使用年限届满后，丧失房屋所有权或被收走房屋。如果将来国家制定了住宅土地使用权续期及缴费标准等规定，则依规定办理相关手续及缴纳相关费用即可。小莫的父亲也可放心地就该房屋继承订立遗嘱，该遗嘱无论现在或将来都是合法有效的。日后小莫继承了父亲的房屋，可以依法前往不动产登记部门办理房屋产权人变更登记手续，将房屋登记至自己名下。

生活小贴士

住宅的产权人享有房屋所有权，但产权人只享有土地使用权，不享有土地所有权，产权人有权在土地使用期限内合法使用、转让、处分房屋。

非住宅的土地使用权期限的长短各有不同，且期限届满后的处理方式与住宅的土地使用权期限届满的处理方式也不相同。土地使用人必须于非住宅土地使用权届满前一年申请续期，经批准续期的，需重新签订土地使用权出让合同及支付土地使用权出让金，否则土地使用权由国家无偿收回。大家在购房前必须清晰了解法律规定，避免造成损失或纠纷。

法律直通车

《中华人民共和国民法典》

第三百五十九条 住宅建设用地使用权期限届满的，自动续期。续期费用的缴纳或者减免，依照法律、行政法规的规定办理。

非住宅建设用地使用权期限届满后的续期，依照法律规定办理。该土地上的房屋以及其他不动产的归属，有约定的，按照约定；没有约定或者约定不明确的，依照法律、行政法规的规定办理。

《中华人民共和国城镇国有土地使用权出让和转让暂行条例》

第十二条 土地使用权出让最高年限按下列用途确定：

（一）居住用地七十年；

（二）工业用地五十年；

（三）教育、科技、文化、卫生、体育用地五十年；

（四）商业、旅游、娱乐用地四十年；

（五）综合或者其他用地五十年。

《中华人民共和国城市房地产管理法》

第二十二条　土地使用权出让合同约定的使用年限届满，土地使用者需要继续使用土地的，应当至迟于届满前一年申请续期，除根据社会公共利益需要收回该幅土地的，应当予以批准。经批准准予续期的，应当重新签订土地使用权出让合同，依照规定支付土地使用权出让金。

土地使用权出让合同约定的使用年限届满，土地使用者未申请续期或者虽申请续期但依照前款规定未获批准的，土地使用权由国家无偿收回。

10. 如何设置“居住权”实现老有所依?

刘先生和爱人张女士是从农村来到城里打拼的小夫妻，育有一子一女。尽管生活艰辛，但是一家人和谐欢乐，幸福美满。经过多年辛苦打拼，刘先生一家人在城里拥有了一套自己的房子。两个孩子也都成家立业，各组家庭。然而，还没享受几年的退休时光，张女士就因长年劳累，罹患恶疾去世。刘先生痛失爱人，也让刘先生想到自己死后遗产的事情。于是，刘先生在处理完爱妻后事不久，就在公证处立下遗嘱：将自己的一套房产留给两个子女。

慢慢地，刘先生也习惯了自己一个人生活，常常和老朋友一起出去旅旅游、散散心。在旅途中，刘先生结识到了同是老年丧偶的李女士，刘先生和李女士情投意合，非常聊得来，在认识了几个月后一起办理了结婚登记，打算执子之手，共度余生。

再婚后没几年，刘先生自感身体一天不如一天。他担心自己走后，子女会因为争房产而把李女士赶走。但若是贸然修改之前写下的遗嘱，将房屋改为由李女士继承，又担心子女不满，引发亲人反目，刘先生一时想不出好办法。

有没有什么办法能让两个子女继承房产，又能保障李女士继续居住呢？

律师说法

替房屋设立居住权可以帮助刘先生解决难题。例如，刘先生可以在公证处的帮助下，修改遗嘱，在遗嘱中为李女士设定居住权，要求两个子女保障李女士可以一直居住到她去世为止。通过这样的安排，刘先生既能保障自己对房屋的所有权，将房产传给子女，又能使李女士晚年有居住保障，一举两得。

居住权是指对他人所有的住房及其附属设施占有、使用的权利。居住权人有权按照合同约定并经登记占有、使用他人的住宅，以满足其稳定生活居住的需要。

尽管居住权制度首次写入民法典，但是“居住权”早在古代就有相关的制度。对于住宅房屋的居住权利，也早在近几十年的社会生活中出现，却仅仅停留在合同债权层面。

《民法典》在物权编中新增一章“居住权”进行专章规定，可见居住权制度的非凡意义所在。针对上述案例，如果是按照以前的法律规定，李女士在刘先生去世后，是否还能对不享有所有权的房屋享有居住权？法律是没有明确规定的。而在《民法典》施行后，这个问题可以得到完美解决。居住权为弱者设立，保障弱者“住有所屋”，不至于无家可归。

生活小贴士

居住权是一种新的物权，以下几种相关人员需要特别注意以下风险：

1. 居住权人

（1）居住权人应妥善使用、管理、维护住宅，不得滥用居住权对住宅造成损害。造成重大损害的，除应向产权人承担损害赔偿责任之外，还可能会丧失居住权。

（2）居住权不得转让、继承。除非有特别约定，居住权人也不得将房屋对外出租。

（3）无偿设立的居住权，居住权人的家庭成员或保姆等为其提供生活起居照顾的人也可享有居住利益，但该权利附属于居住权人，在居住权消灭后，上述人员也应及时搬离，不再享有居住的权利。

2. 产权人

（1）不得妨碍居住权人正常居住使用房屋，对于可能会导致住宅毁损或灭失的重大维修项目应承担维修责任。

（2）当居住权期限届满或者居住权人死亡时，居住权消灭，产权人应及时办理注销登记。

（3）无法定事由，居住权合同自签订时成立、生效，如产权人以居住权未办理登记为由主张合同不成立或无效的，不会得到支持。

3. 二手房购房人

（1）事先查询。购房时除应查询房屋的权属、抵押、司法查封等情况，还应查询是否登记有居住权。此外，还应了解房屋内实际居住情况。

（2）事中约定。在房屋买卖合同中应就是否有居住权作出特别约定，并设置相应违约责任条款。

（3）事后救济。如在交易过程中因卖方违背诚信，隐瞒已设居住权或交易中新设居住权的，应及时协商，协商不成的，及时诉诸法律，维护自身权益。

法律直通车

《中华人民共和国民法典》

第三百六十六条 居住权人有权按照合同约定，对他人的住宅享有占有、使用的用益物权，以满足生活居住的需要。

第三百六十七条 设立居住权，当事人应当采用书面形式订立居住权合同。

居住权合同一般包括下列条款：

（一）当事人的姓名或者名称和住所；

（二）住宅的位置；

（三）居住的条件和要求；

（四）居住权期限；

（五）解决争议的方法。

第三百六十八条 居住权无偿设立，但是当事人另有约定的除外。设立居住权的，应当向登记机构申请居住权登记。居住权自登记时设立。

第三百六十九条 居住权不得转让、继承。设立居住权的住宅不得出租，但是当事人另有约定的除外。

第三百七十条 居住权期限届满或者居住权人死亡的，居住权消灭。居住权消灭的，应当及时办理注销登记。

第三百七十一条 以遗嘱方式设立居住权的，参照适用本章的有关规定。

第五章
特殊保护

第一节 公共利益

1. 法律如何保护见义勇为和紧急救助者?

乐于助人的大三学生小毅，路遇一位女士溺水，把背上的包往地上一扔，就立刻跳进水中救人。经过一番努力，小毅成功将女士救上岸。但由于吸入太多水，女士上岸后一直处于昏迷状态，如果不及时抢救，将面临生命危险。更糟糕的是，小毅发现自己的手机在救人时滑落水中，四周又没有人可以求助，只得靠着自己模糊的救援知识对女士进行心肺复苏急救并将其送往医院。好在最后女士被成功救回，但也因小毅急救时用力过猛导致肋骨骨折。

没想到，事后赶到医院的丈夫不但没有感谢小毅，竟还要求小毅赔偿医药费。愤怒的小毅拒绝了其无礼要求，女士的丈夫随后选择了报警。警察赶来了解情况后，对女士的丈夫进行了普法教育，告知其小毅不用承担民事责任。经过调解，最终女士的丈夫不但向小毅表示感谢，还主动赔偿了小毅的手机损失。

学校得知此事后，将小毅见义勇为的事迹作为典型案例宣传，并对小毅进行了嘉奖。小毅在接受记者的采访时也说道："不后悔救人，下次遇到这种情况还是会冲上去"。

律师说法

见义勇为是指公民为保护国家、集体利益和他人的人身、财产安全，不顾个人安危，同违法犯罪行为做斗争或者抢险、救灾、救人的行为。在法律上，见义勇为主要分两种情况：不负有法定职责、法定义务的人员，为保护国家利益、社会公共利益或者他人的人身财产安全，制止正在发生的违法犯罪行为或者实施救人、抢险、救灾等行为；保安员、辅警、治安联防员、交通协管员等负有约定义务的人员，与违法犯罪分子英勇搏斗或者实施抢险、救灾、救人行为。

见义勇为是中华民族传统美德，也是社会良好的道德风尚的体现。但有时候，施救人并非专业人士，情急之下出于好意帮助人，可能给受助人造成伤害，如果这时法律要求救助者承担责任，难免让人在出手前产生顾虑，所以见义勇为者的合法权益也理应得到法律的保护。特别是近年来，一些热心助人救人者事发后反遭索赔追责现象时有发生，更引发越来越多的人对见义勇为产生质疑和恐惧。“扶不扶”“救不救”和“管不管”成了人们心中的道德难题。

为了不让“英雄流血又流泪”，民法典为见义勇为者奉上“护身符”。按照《民法典》第183条、第184条规定，因见义勇为而导致自己受伤的，应该由侵权者承担赔偿责任，并且在无侵权者或侵权人逃逸或无力承担民事责任时，可要求受益者适当补偿。同时，因实施紧急救助行为导致被救助者损害的，一律免责。

法律不仅对社会行为起到规制作用，也引领着公众价值取向和社会风尚。《民法典》第184条的免责条款彻底解决了大家的后顾之忧，为见义勇为者可能遭遇的风险撑起了一把法律上的“保护伞”，鼓励大家“该出手时就出手”，消除了人们对“扶还是不扶”“要不要救”的顾虑；为每一个心存善良、胸怀正义的好人，吃了一颗定心丸；为社会善行进行了法律上的托底，彻底为好人消除后顾之忧，有利于倡导培育见义勇为的良好社会风尚，弘扬助人为乐的传统美德，不再让“英雄流血又流泪”。

并且，全国各省、各市陆续出台了相关法规，鼓励见义勇为并保障见义勇为人员的合法权益。对见义勇为的行为进行确认后，见义勇为者将获得通报嘉奖、颁发奖金、授予见义勇为荣誉称号等奖励。

生活小贴士

见义勇为值得鼓励，但在实施紧急救助行为时，应当综合考虑自己的救助能力、情况的紧急程度等因素，避免因不合理的救助行为导致损失加大，造成二次伤害。这样不仅可以避免自身权益受到不必要的侵害，还可以实现自己救助他人的初衷。

见义勇为者要争取嘉奖，因为这不仅是对其付出的一种补偿，也是对其行为的一种鼓励。对助人者的嘉奖，不仅是物质上的，更是精神上的，代表了对助人者及社会的认同与鼓励。这种态度会给见义勇为者带来帮助他人的满足感，在内心认为帮助他人是值得肯定、值得赞赏的，也有利于引导社会正能量，塑造社会的良好风气。

法律直通车

《中华人民共和国民法典》

第一百八十三条　因保护他人民事权益使自己受到损害的，由侵权人承担民事责任，受益人可以给予适当补偿。没有侵权人、侵权人逃逸或者无力承担民事责任，受害人请求补偿的，受益人应当给予适当补偿。

第一百八十四条　因自愿实施紧急救助行为造成受助人损害的，救助人不承担民事责任。

2. 遇到高空抛物，应该由谁承担责任？

一天下午，年近六旬的王婆婆悠然地在自家小区花园内散步，与此同时，12层的住户汪小姐刚吃完一片西瓜，随手将西瓜皮从窗户丢落，西瓜皮掉落后砸到王婆婆的肩膀，王婆婆也随之摔倒在地。

小区的街坊看到后便立马帮忙报警和叫救护车，之后，王婆婆被送入医院治疗。民警也赶到现场对此展开调查，经过调取小区的监控录像，发现正是位于12楼的阳台抛出的西瓜皮导致了事件的发生。而后经医院诊断，王婆婆右侧肩膀粉碎性骨折、高血压病Ⅲ级（极高危组）、右侧眼眶骨折。王婆婆住院治疗22天后出院，医疗费用花费数万元。经鉴定，王婆婆伤情构成十级伤残，并鉴定出此次伤残系当天在小区的摔倒受伤所致。

律师说法

毋庸置疑，王婆婆受伤是一起典型的高空抛物致人损害的侵权案件。从12楼抛下的西瓜皮直接砸中王婆婆，其行为与王婆婆受伤致残有直接因果关系，汪小姐应为之承担赔偿责任。

相较于之前的《侵权责任法》,《民法典》对高空抛物的规定作出以下三点改变：

1. 明确物业服务企业的法律责任。对于高空抛物，除了沿用以往受害人请求直接侵权人、可能加害人承担责任的法律规定外，《民法典》新增了物业服务企业等建筑物管理人未采取必要的安全保障措施防止建筑物抛掷物品、坠落物品导致的侵权责任。此规定有利于督促物业服务企业积极履行宣传安全、防护高空、管理小区的职责，加大防卫安装监控并加固防护网等措施，从根源处减少高空抛物行为的发生，即使发生抛物、坠物事件也能迅速找到真正侵害人，为高空抛物案件的审理提供了有利于定分止争的裁判思路和规则，更好地缓和社会冲突。

2. 确立公安等机关的调查责任。以往，解决高空抛物责任承担问题的首要障碍，是受害人在维权过程中因无法提供证据锁定侵权人。归根结底，受害人调查权限的欠缺才是“致病”原因。《民法典》恰好直击该难题，明确规定发生高空抛物致人损害事件的，公安等机关应当依法及时调查，查清责任人。公安等代表国家公权力的机关介入调查，既能提高当事人对调查工作的配合程度，增强人民对高空抛物的警惕性，又能借由公安机关专业的技侦手段、有力的调查措施，查清事实并确定责任人，疏通受害人获得救济的道路。

3.《刑法》新增高空抛物罪。综观过去修正案前的刑法，论处高空抛物的常用罪名是“以危险方法危害公共安全罪”，但因为该罪名起刑点高，以该罪名追究高空抛物刑事责任的情况并不常见。因此，更多处理方法是要求加害人承担民事责任。如今，2021 年 3 月 1 日正式施行的《刑法修正案（十一）》明确规定，从建筑物或者其他高空抛掷物品，情节严重的，处一年以下有期徒刑、拘役或者管制，并处或者单处罚金。新规无疑在刑事司法领域对高空抛物行为作出了积极的回应，不仅可以通过高空抛物罪强化警示效应，也根据情节的严重程度采取相应档次的量刑，有助于发挥刑事法律的教育为主惩罚为辅的作用，达到不枉不纵的目的，强有力地治理“头顶上的难题”。

生活小贴士

建议高层小区加装大范围的“朝天看”摄像头，还原高空抛物过程，查明直接侵权人。此举有助于解决查明高空抛物行为人过程中遇到的查证难题，帮助司法机关公正高效审理案件，有利于切实有效排查整治安全隐患。

物业管理企业应当履行好相关职责，在显眼处设置相应的高空抛物警示标志，并在易于发生高空抛物的危险区域设置雨棚、拦阻网等防护措施，切实履行安全保障义务，保障居民安全。

高层住户定期维护和加固窗户、阳台的防盗网，看护好家中的空调外机、晾衣架等外置用品，切忌在易受到大风、暴雨等恶劣天气影响的地方放置花盆、瓷砖等物品。

法律直通车

《中华人民共和国民法典》

第一千二百五十四条 禁止从建筑物中抛掷物品。从建筑物中抛掷物品或者从建筑物上坠落的物品造成他人损害的，由侵权人依法承担侵权责任；经调查难以确定具体侵权人的，除能够证明自己不是侵权人的外，由可能加害的建筑物使用人给予补偿。可能加害的建筑物使用人补偿后，有权向侵权人追偿。

物业服务企业等建筑物管理人应当采取必要的安全保障措施防止前款规定情形的发生；未采取必要的安全保障措施的，应当依法承担未履行安全保障义务的侵权责任。

发生本条第一款规定的情形的，公安等机关应当依法及时调查，查清责任人。

《中华人民共和国刑法》

第二百九十一条之二 从建筑物或者其他高空抛掷物品，情节严重的，处一年以下有期徒刑、拘役或者管制，并处或者单处罚金。

有前款行为，同时构成其他犯罪的，依照处罚较重的规定定罪处罚。

3. 用户发布不实消息，平台需要承担哪些法律责任？

平面模特李某某曾出演多部不知名影视作品。2021年1月，其在上海某科技公司的信息平台上发现上海某医疗美容医院（以下简称医美医院）未经其准许，在网络上公开发布自己的12幅肖像图片及自拍视频，以"'假体隆鼻''动感3D鼻子'12000+无失败案例"为名，用于整形类医疗手术的商业宣传。上述侵权作品,采用李某某第一人称自述"日志"的表达方式进行描述。

李某某认为，在未经自己许可的情况下，医美医院在网络平台上擅自使用其照片、自拍视频，侵犯了其肖像权。同时，医美医院将其身体局部裸露照片用于隆鼻美容的栏目项下，并配有描述性语言等宣传，让浏览网页的网民认定自己系文章中的当事人，侵犯了其名誉权。李某某遂向上海市互联网法院提起诉讼，请求判令医美医院、上海某科技公司立即停止侵权行为，在全国公开发行的报纸上澄清事实并公开赔礼道歉，要求两公司赔偿552000元。

上海某科技公司认为,自己只是一个交流平台,是网络服务提供者，而非照片的上传者，所以并不是实际侵权人，并且已经尽到网络服务提供者的义务。在接到上海互联网法院的材料后，公司第一时间进行核对，为避免损失扩大，确认相关链接已做删除处理，已有效防止损害继续扩大。

那么，用户提供不实消息，平台公司需要承担什么责任呢？

律师说法

根据《民法典》第1195条的规定，平台在被侵权人告知发布内容侵权后应当采取断开链接，删除内容等措施。平台不及时采取措施的，对于损失扩大部分和发布者承担共同侵权责任。根据网络服务提供者即平台是否知道侵权行为，分别适用“知道规则”或“通知规则”。当平台知道侵权行为时，其应将相关内容“下架”，如未依法采取措施，则就“知道”后的损害承担连带责任。如平台不知道侵权行为，但在权利人有效通知后，也应“下架”相关内容，如未依法采取措施，则就“通知”后的损害承担连带责任。也就是说，如果平台在主观上负有过错，其未能采取必要措施的不作为可认定构成帮助侵权，就知道或者应当知道侵权行为发生起所产生的损害与网络用户承担连带责任。

回归到本案，首先，经法院查明李某某提交的生活照与自拍视频，经比对与涉案 12 张照片及涉案视频中的肖像一致。其次，涉案图片和视频已经删除，上海某科技公司作为网站的管理者，系为注册用户提供平台的网络服务提供者，其并未对涉案日记进行任何编辑、修改，该公司并无主观过错，不应承担侵权责任。最后，受理法院判决医美医院在上海某科技公司的网站“上海某医美医院”页面内发布声明，向李某某赔礼道歉，声明内容应持续保留 24 小时，并赔偿李某某经济损失 15000 元、律师费 2000 元及公证费 2000 元，共计 19000 元。

生活小贴士

一旦发现侵权行为，可以立即保留相关证据，然后向网络平台发出通知，要求平台采取必要措施帮助自己维权。侵权通知应当包括构成侵权的初步证据及权利人的真实身份信息。

保证通知内容的真实性。因错误通知造成其他网络用户或者网络服务提供者损害的，将承担侵权责任。

法律直通车

《中华人民共和国民法典》

第一千一百九十四条 网络用户、网络服务提供者利用网络侵害他人民事权益的，应当承担侵权责任。法律另有规定的，依照其规定。

第一千一百九十五条 网络用户利用网络服务实施侵权行为的，权利人有权通知网络服务提供者采取删除、屏蔽、断开链接等必要措施。通知应当包括构成侵权的初步证据及权利人的真实身份信息。

网络服务提供者接到通知后，应当及时将该通知转送相关网络用户，并根据构成侵权的初步证据和服务类型采取必要措施；未及时采取必要措施的，对损害的扩大部分与该网络用户承担连带责任。

权利人因错误通知造成网络用户或者网络服务提供者损害的，应当承担侵权责任。法律另有规定的，依照其规定。

第一千一百九十六条 网络用户接到转送的通知后，可以向网络服务提供者提交不存在侵权行为的声明。声明应当包括不存在侵权行为的初步证据及网络用户的真实身份信息。

网络服务提供者接到声明后，应当将该声明转送发出通知的权利人，并告知其可以向有关部门投诉或者向人民法院提起诉讼。网络服务提供者在转送声明到达权利人后的合理期限内，未收到权利人已经投诉或者提起诉讼通知的，应当及时终止所采取的措施。

第一千一百九十七条 网络服务提供者知道或者应当知道网络用户利用其网络服务侵害他人民事权益，未采取必要措施的，与该网络用户承担连带责任。

《最高人民法院关于审理利用信息网络侵害人身权益民事纠纷案件适用法律若干问题的规定》

第九条 人民法院依据侵权责任法第三十六条第三款认定网络服务提供者是否“知道”，应当综合考虑下列因素：

（一）网络服务提供者是否以人工或者自动方式对侵权网络信息以推荐、排名、选择、编辑、整理、修改等方式作出处理；

（二）网络服务提供者应当具备的管理信息的能力，以及所提供服务的性质、方式及其引发侵权的可能性大小；

（三）该网络信息侵害人身权益的类型及明显程度；

（四）该网络信息的社会影响程度或者一定时间内的浏览量；

（五）网络服务提供者采取预防侵权措施的技术可能性及其是否采取了相应的合理措施；

（六）网络服务提供者是否针对同一网络用户的重复侵权行为或者同一侵权信息采取了相应的合理措施；

（七）与本案相关的其他因素。

4. 未经民主表决就出租集体资产，村民可以要回吗？

十年前，A村以村委的名义，将村内废弃的学校出租给B公司作工厂使用。双方签订的租赁合同上盖了村委的公章，并由时任村主任签名，合同的租赁期限为20年，租金水平也与合同签订时的水平相当，并约定了三年递增租金的条款。合同签订时，A村的村委告诉B公司该出租事项已经经过民主表决，但未提供相关表决文件。10 年以来，B 公司守法经营，按时交租，还在当地村民中招聘不少员工，为 A 村缓解了不少就业压力。

最近，A 村部分村民返乡，带着建设家乡的美好愿望，希望在村内物色一个地方打造专门的老年人活动场所。村民发现已经出租给 B 公司的场地，无论在方位、大小、采光等方面都满足老年人活动场所的要求，于是向村委了解场地的租赁情况。得知租赁期限还有十年之久，于是村民们要求村委以出租时未按村内章程由全体村民表决为由，要回上述场地。

那么，村委是否能以出租物业时未经民主表决为由，确认合同无效？

律师说法

本案中，A 村废弃的学校为 A 村的集体资产。我国集体资产由集体经济组织或者村民委员会代表行使所有权，即集体资产归集体内部全体成员所有，但对外则以经济合作社、经济联合社或村委会等名义代为行使集体资产所有权，所以 A 村村委可以代表全村村民行使权利。但与此同时，根据《民法典》第 261 条第 2 款，《村民委员会组织法》第 22 条、第 24 条等规定，涉及村民利益的事项，应当经民主表决。

一般来说，村集体在处分集体资产时未进行民主表决，人民法院通常以违反强制性效力性规定为由，确认处分行为无效。本案中，由于 B 公司长期公开经营、按时交租给 A 村并由 A 村以分红形式支付给村民，而且在长达十年的时间内都没有人提出过异议，也就是说，虽然 A 村在出租时未履行民主表决程序，但基于上述事实可以推断村民实质上对出租事宜是知情并同意的。况且 B 公司在承租物业时，A 村明确告知其已履行民主表决程序，A 村现在才以未经民主表决为由主张确认合同无效，有违诚实信用原则。在这个前提下，实践中的不少判决都倾向于确认合同的效力，维持双方的关系。在现实生活中集体资产的处分存在纷繁复杂的情况，在司法实践中也存在各式各样的判例，当事人在遇到问题时应当具体情况具体分析。

生活小贴士

为了更好地行使村民权利，村民应当及时、翔实地掌握相关经营管理信息。村民了解相关信息的手段一般是通过村务公开制度查询集体资产使用、处分或其他财务情况。若认为村集体未公布相关事项或公布事项不真实的，可以向政府主管部门反映；也可以通过村集体内设的监督机构监督村务公开。村民如果认为村集体侵犯其权益的，除了可以向村集体的相关主管部门申请调处外，也可以以诉讼方式解决。

法律直通车

《中华人民共和国民法典》

第二百六十一条 农民集体所有的不动产和动产，属于本集体成员集体所有。

下列事项应当依照法定程序经本集体成员决定：

（一）土地承包方案以及将土地发包给本集体以外的组织或者个人承包；

（二）个别土地承包经营权人之间承包地的调整；

（三）土地补偿费等费用的使用、分配办法；

（四）集体出资的企业的所有权变动等事项；

（五）法律规定的其他事项。

第二百六十二条 对于集体所有的土地和森林、山岭、草原、荒地、滩涂等，依照下列规定行使所有权：

（一）属于村农民集体所有的，由村集体经济组织或者村民委员会依法代表集体行使所有权；

（二）分别属于村内两个以上农民集体所有的，由村内各该集体经济组织或者村民小组依法代表集体行使所有权；

（三）属于乡镇农民集体所有的，由乡镇集体经济组织代表集体行使所有权。

《中华人民共和国村民委员会组织法》

第二十二条　召开村民会议，应当有本村十八周岁以上村民的过半数，或者本村三分之二以上的户的代表参加，村民会议所作决定应当经到会人员的过半数通过。法律对召开村民会议及作出决定另有规定的，依照其规定。

召开村民会议，根据需要可以邀请驻本村的企业、事业单位和群众组织派代表列席。

第二十四条　涉及村民利益的下列事项，经村民会议讨论决定方可办理：

（一）本村享受误工补贴的人员及补贴标准；

（二）从村集体经济所得收益的使用；

（三）本村公益事业的兴办和筹资筹劳方案及建设承包方案；

（四）土地承包经营方案；

（五）村集体经济项目的立项、承包方案；

（六）宅基地的使用方案；

（七）征地补偿费的使用、分配方案；

（八）以借贷、租赁或者其他方式处分村集体财产；

（九）村民会议认为应当由村民会议讨论决定的涉及村民利益的其他事项。

村民会议可以授权村民代表会议讨论决定前款规定的事项。

法律对讨论决定村集体经济组织财产和成员权益的事项另有规定的，依照其规定。

5. 土地经营权如何流转对村民更有利?

A村是农业大村，以往村里的土地由本村村民承包到户后，有些由农户自行耕种，有些则转租给其他村民或者外村人经营。由于农业是靠天吃饭的，在歉收的年份里，常有经营者无法按时交租，导致村集体或承包户几乎每年都要聘请律师起诉拖欠租金的人——即便告赢了，也难以执行回款项，租金亏了，时间成本也耗进去了。而且这种家庭承包、单独转租的模式，因管理有盲点，稍不注意，就会造成土地和环境的破坏。

A村的村干部痛定思痛，趁着承包期满重新发包的机会，决定说服承包户把土地经营权集中流转给大型经营者，除了能更好地统筹土地用途、安排经营生产外，最重要的是，在管理上更省心省力，租金歉收的风险也更小，更能保障承包户的经济利益。经过村干部的多番讲解，村民从一开始的不理解到慢慢接受，最终大部分村民都同意将承包地集中流转出去。

A村设定了潜在经营者的条件后，将土地流转事宜委托给相关集体资产交易平台进行招商，很快通过公开竞价确定了经营者。经营者将原本零落的土地连片整合，发展观光农业。不久，观光农业就成了A村的招牌产业，现在A村的村民不仅不用担心租金歉收，还能通过向游客售卖旅游产品、发展观光民宿等获得额外收入。村民生活水平的提高带动着幸福感的提升，每个人都对未来有着美好的憧憬。

律师说法

改革开放开始后，我国农村的农业土地实行家庭联产承包责任制，即在集体经济组织中，以家庭为单位承包土地并自主经营。这种制度实际上是集体土地所有权和承包经营权的两分制度，在保持土地所有权归集体不变的同时将承包经营权交给农户。家庭联产承包责任制最早从安徽凤阳县小岗生产队的“包产到户”得到启发，1986 年，国家出台《土地管理法》，首次在法律层面对家庭联产承包责任制予以规范，1993 年，“家庭联产承包责任制”被写入宪法，彻底纠正了过往集体经济分配的平均主义、吃大锅饭等弊端，极大地调动了农民的积极性。集体土地所有权和承包经营权的两分制度在过去几十年间的集体经济中发挥了极其重要的作用，但同时，随着社会经济的发展，两分制已经不能完全适应农民的需求，大量农民走出农村或将家中的土地流转，造成大量农田闲置及个体经营乱象。为顺应形势转变放活经济，在 2002 年《农村土地承包法》、2005 年《农村土地承包经营权流转管理办法》等规定的承包经营权流转制度雏形的基础上，2018 年修订的《农村土地承包法》将“土地承包经营权流转”改为“土地经营权流转”，标示着土地集体所有权、农户承包经营权、土地经营权“三权分置”的正式建立。2021 年实施的《民法典》在第二编物权第三分编用益物权中将土地承包经营权摆在所有用益物权之首，可见我国对集体经济的重视程度。随着《农村土地经营权流转管理办法》的发布，土地经营权流转制度日趋完善。

与旧的承包经营权流转制度相比，新的法律保障体系鼓励土地流转规模与村情相适应，同时增加了多种保障机制，如县级政府的事中事后监管、涉及流转面积大等情况下设立风险保障金、购买保险等，更有利于保障村民和村集体的利益。另外，新的规定将“转让”这种方式剔除，限定土地经营权的流转方式为“出租（转包）、入股或者其他符合有关法律和国家政策规定的方式”，所有流转方式均以不改变发包方及承包方之间的关系为前提，进一步厘清了土地经营权流转的概念。

上述案例正是发生在《民法典》及《农村土地经营权流转管理办法》实施之后。苦于以往的流转模式带来种种不良反应，村集体聘请律师研讨相关法律，认为在采取集中流转的方式时，根据现行法律设置流转合同条款，可以使村集体和村民利益得到更好的保障，所以村集体和村民放心响应政府号召，决定将土地集中流转。

生活小贴士

有实力的经营主体相比个体经营主体有多方面的优势，但仍无法百分百确保在整个流转期内，经营主体完全不拖欠租金或产生其他经营风险。新的《农村土地经营权流转管理办法》专门针对涉及土地经营权流转面积较大、涉及农户较多等情况的项目设立风险保障金，可更好地保障农户的利益。

法律直通车

《中华人民共和国民法典》

第三百三十九条 土地承包经营权人可以自主决定依法采取出租、入股或者其他方式向他人流转土地经营权。

《农村土地经营权流转管理办法》

第四条 土地经营权流转应当因地制宜、循序渐进，把握好流转、集中、规模经营的度，流转规模应当与城镇化进程和农村劳动力转移规模相适应，与农业科技进步和生产手段改进程度相适应，与农业社会化服务水平提高相适应，鼓励各地建立多种形式的土地经营权流转风险防范和保障机制。

第十五条 承包方依法采取出租（转包）、入股或者其他方式将土地经营权部分或者全部流转的，承包方与发包方的承包关系不变，双方享有的权利和承担的义务不变。

第二节 个人利益

1. 家人能否捐献逝者的器官？

今年45岁的陈先生罹患重病不幸离世，去世前一直是由陈先生的妻子和姐姐在医院照顾。听闻噩耗，年迈的母亲、在外读大学的大儿子，还有不到10岁的小女儿都纷纷赶来医院。医生通知家属们都到医院来，还为了另外一件事情：陈先生的眼角膜完整且状况良好，符合捐献器官的条件，医生将所有家属叫来是为了询问家属们是否同意捐献陈先生的眼角膜，帮助到有需要的人。家属们告诉医生，陈先生生前并未签署任何书面文件表明同意遗体器官捐献，但也未曾表示过不同意捐献。陈先生的家属表示，如果能帮到其他需要健康眼角膜的人，他们愿意替陈先生作这个决定，但他们不清楚代替决定是否符合法律规定。

那么，陈先生眼角膜的捐献需要经过哪些家属同意才可以进行呢？

律师说法

《民法典》第1006条第3款规定："自然人生前未表示不同意捐献的，该自然人死亡后，其配偶、成年子女、父母可以共同决定捐献，决定捐献应当采用书面形式。”从法律规定可以看出，只要逝者在生前未明确表示不同意捐献，在去世后可以由其配偶、成年子女、父母共同决定是否捐献，并共同签署书面文件即可。本案中，只要陈先生妈妈、妻子还有大儿子一致同意且签署书面文件，即可捐献陈先生的眼角膜，而陈先生姐姐和小女儿并没有决定权。

为了方便理解这一规定，可以把逝者遗体看作一种特殊的遗产，若逝者生前未明确表示不同意捐献器官，那作为逝者的法定第一顺位继承人，即配偶、父母和子女有权对逝者的遗体决定如何处理。需要注意的是，对于遗体或者器官的捐献并不是纯收益行为，因此，要求子女是已经成年的完全民事行为能力人。此外，为了避免遗体捐献过程中可能会引发的一些负面影响，法律规定必须是配偶、父母和成年子女以书面形式一致同意的情况下才能捐献。

《民法典》第四编对人格权进行专章规定，包括民事主体的生命权、身体权、健康权、姓名权、名称权、肖像权、名誉权、荣誉权、隐私权等权利。本案所涉及的就是自然人的身体权，也就是自然人遗体、器官的捐献。早在 2007 年施行的《人体器官移植条例》中就有对人体器官移植的规定。《民法典》的出台与时俱进，在身体权的相关规定中加入了关于自然人捐献器官、遗体的条文，将行政法规上升为法律。

如今社会上的大多数人对器官、遗体捐献都持开放的态度，在条件允许的情况下，都愿意将自己的器官或者遗体捐献他人，让自己身体的一部分以另一种方式得以延续，帮助到有需要的人，亦是人间大爱的体现。

生活小贴士

《民法典》第 1006 条第 1 款、第 2 款规定：“完全民事行为能力人有权依法自主决定无偿捐献其人体细胞、人体组织、人体器官、遗体。任何组织或者个人不得强迫、欺骗、利诱其捐献。完全民事行为能力人依据前款规定同意捐献的，应当采用书面形式，也可以订立遗嘱。”

对于具有完全民事行为能力的自然人，其在生前捐献自己的器官、组织或者遗体，应当遵循自愿、无偿的原则，不受到任何人的强迫或欺骗，因此如果希望捐献的，要以书面形式确定自己的捐献意愿，也可以立下遗嘱决定死后捐献遗体或者器官。

法律直通车

《中华人民共和国民法典》

第一千零六条　完全民事行为能力人有权依法自主决定无偿捐献其人体细胞、人体组织、人体器官、遗体。任何组织或者个人不得强迫、欺骗、利诱其捐献。

完全民事行为能力人依据前款规定同意捐献的，应当采用书面形式，也可以订立遗嘱。

自然人生前未表示不同意捐献的，该自然人死亡后，其配偶、成年子女、父母可以共同决定捐献，决定捐献应当采用书面形式。

《人体器官移植条例》

第七条　人体器官捐献应当遵循自愿、无偿的原则。

公民享有捐献或者不捐献其人体器官的权利；任何组织或者个人不得强迫、欺骗或者利诱他人捐献人体器官。

第八条　捐献人体器官的公民应当具有完全民事行为能力。公民捐献其人体器官应当有书面形式的捐献意愿，对已经表示捐献其人体器官的意愿，有权予以撤销。

公民生前表示不同意捐献其人体器官的，任何组织或者个人不得捐献、摘取该公民的人体器官；公民生前未表示不同意捐献其人体器官的，该公民死亡后，其配偶、成年子女、父母可以以书面形式共同表示同意捐献该公民人体器官的意愿。

2. 胎儿如何继承父亲的遗产?

陈明是一名企业高管，因工作关系结识了朱琪，后两人相恋并结婚。婚后第3年，朱琪怀孕了，陈明非常开心，早早就给孩子取名为陈嘉安。为了迎接宝宝的到来，陈明更加努力工作，但在朱琪怀孕6个月时，陈明不幸遭遇车祸身亡。

陈明去世后，留下600万元遗产，但陈明并未立遗嘱，朱琪面临着如何分遗产的问题。陈明的母亲几年前已去世，其父亲仍在世。朱琪认为遗腹子陈嘉安虽然尚未出生，但作为陈明的孩子，应该一起参与遗产的分配。而陈明的父亲却认为，陈嘉安还是个胎儿，待孩子出生后才能再商议应如何继承遗产，现在应先由自己及朱琪平分600万元遗产。两人争执不下，亲戚们纷纷出主意，大多数人都认为应该等陈嘉安出生后再讨论该继承多少遗产的问题，朱琪无奈与陈明父亲各领取了300万元。数月后，陈嘉安出生，看着嗷嗷待哺的陈嘉安，朱琪只想为孩子争取最大的权益。

陈明去世时，陈嘉安尚未出生，陈嘉安该如何继承陈明的遗产呢?

律师说法

《民法典》第13条规定：“自然人从出生时起到死亡时止，具有民事权利能力，依法享有民事权利，承担民事义务。”但胎儿因尚未与母体分离，不是独立的自然人，不能直接适用该民事权利能力的一般规定。倘若完全否定胎儿的民事权利能力，则可能出现不合理的情况，为此，《民法典》确立了胎儿利益特殊保护的条款，明确了胎儿在特定情形下视为具有民事权利能力（自然人依法享有民事权利和承担民事义务的资格）。根据《民法典》第 16 条之规定，胎儿利益的保护范围为“涉及遗产继承、接受赠与等胎儿利益保护的”。其中，“遗产继承”包括法定继承、遗嘱继承、遗赠。以法定继承为例，胎儿若是法定继承人，则视为具有民事权利能力，有权继承相应份额。

在胎儿继承权的行使上，根据《民法典》第 1155 条之规定，在分割遗产时，应当为胎儿保留其应继承的份额。以及根据《最高人民法院关于适用〈中华人民共和国民法典〉继承编的解释（一）》之规定，若没有为胎儿保留遗产份额的，应从继承人所继承的遗产中扣回。在法定继承中，胎儿被视为继承人，享有继承权，但因无法确认胎儿是否能够正常出生，因此在遗产分割时，应保留胎儿的继承份额。

本案中，陈明去世时，陈嘉安虽是胎儿，但在涉及遗产继承时，陈嘉安视为具有民事权利能力，享有继承权，有权继承陈明的遗产。陈明的遗产被分割时，应当保留陈嘉安 200 万元的继承份额，但陈明父亲和朱琪未保留陈嘉安应有的份额，则应从陈明父亲和朱琪所继承的遗产中扣回。同时鉴于陈嘉安娩出时并非死体，因此陈明父亲和朱琪应从其所继承的遗产中各扣回 100 万元，即最终陈嘉安可继承陈明 200 万元的遗产。

生活小贴士

就保留份额的继承而言，应区分胎儿娩出时的三种状态：活体、死体、娩出时为活体但旋即死亡。状态一：胎儿娩出时为活体的，由其依法继承遗产。本案中，陈嘉安娩出时为活体，可以继承遗产，在陈嘉安成年之前，该遗产由其母亲朱琪监管。状态二：胎儿娩出时为死体的，则其民事权利能力自始不存在，无权继承遗产，为其保留的份额由原继承人按照法定继承进行分配。状态三：胎儿娩出时为活体但旋即死亡的，为胎儿保留的份额则成为他的遗产，由他的法定继承人依照法定继承的方式继承。本案中，若陈嘉安娩出时为活体但旋即死亡的，则陈嘉安继承的份额作为陈嘉安的遗产由其第一顺位继承人即朱琪继承。

法律直通车

《中华人民共和国民法典》

第十六条 涉及遗产继承、接受赠与等胎儿利益保护的，胎儿视为具有民事权利能力。但是，胎儿娩出时为死体的，其民事权利能力自始不存在。

第一千一百二十七条第一款、第二款 遗产按照下列顺序继承：

（一）第一顺序：配偶、子女、父母；

（二）第二顺序：兄弟姐妹、祖父母、外祖父母。

继承开始后，由第一顺序继承人继承，第二顺序继承人不继承；没有第一顺序继承人继承的，由第二顺序继承人继承。

第一千一百三十条第一款 同一顺序继承人继承遗产的份额，一般应当均等。

第一千一百五十五条 遗产分割时，应当保留胎儿的继承份额。胎儿娩出时是死体的，保留的份额按照法定继承办理。

《最高人民法院关于适用〈中华人民共和国民法典〉继承编的解释（一）》

第三十一条 应当为胎儿保留的遗产份额没有保留的，应从继承人所继承的遗产中扣回。

为胎儿保留的遗产份额，如胎儿出生后死亡的，由其继承人继承；如胎儿娩出时是死体的，由被继承人的继承人继承。

3. 性骚扰的法律责任有哪些？

某日傍晚，贸易公司的经理张某趁部门其他员工下班的时候，走到业务员小美的座位边，借询问业务进展对其上下其手。小美惊惶躲闪，并将张某的手推开。但张某不仅没有就此罢休，甚至将手放在小美的胸部，小美吓得脸青唇白，直接拿起包就离开了单位。

事后，小美失声痛哭。在好朋友的安慰和劝导下，小美于第二天向公司投诉张某对其性骚扰。公司接到投诉后与张某进行了面谈，张某矢口否认，并称小美诬蔑自己，要求公司处罚小美的污蔑行为。万幸的是，单位的公共办公区域安装了摄像头，正好对着小美的座位，因此全程录制了张某性骚扰小美的过程，小美这才得以洗清冤屈，公司也得以确认小美投诉内容的真实性。最终，公司依据规章制度解除了与张某的劳动关系。

虽然公司已经解除了与张某的劳动关系，但是张某的行为给小美造成了重大的创伤。小美此后不仅经常做噩梦，食欲不振，而且经常大哭，后经医院诊断小美患有重度抑郁症。小美在亲朋好友的疏导下，决定维护自己的合法权益，将张某起诉至人民法院，要求张某赔礼道歉、承担给其造成的实际损失（包括但不限于医疗费用、误工费、护理费、交通费、律师费）及合理的精神损害抚慰金。

在现实生活中，面对性骚扰，我们又该怎么保护自己呢？

律师说法

所谓性骚扰，是指在违背受害者意愿的前提下，向受害者实施带有性暗示的动作、语言及图文展示等骚扰行为，引发受害者抗拒反应。需要提醒的是，性骚扰的受害者并不局限于女性，任何人都可以是性骚扰的受害者，无论是男人还是女人，无论是成人还是儿童。

2005 年 8 月，《妇女权益保障法》在修订时首次将“性骚扰”一词纳入全国性的法律文件中。2018 年底，最高人民法院将“性骚扰损害责任纠纷”作为一个独立的民事诉讼案由。2021 年，正式施行的《民法典》首次将人格权独列一篇，并对性骚扰的特征、形式、预防、处置作出了较为详细的规定，并且明确了机关、企业、学校等单位采取多种措施防止和制止性骚扰的义务。根据《民法典》第 1010 条之规定，性骚扰具有三个构成要件：其一，必须是和性有关的骚扰行为；其二，违背了受害者的意愿；其三，针对特定的受害者。《民法典》的出台，赋予了受害者对性骚扰者的行为进行民事追责，为遭受性骚扰的受害者提供了法律保护。

具体到上述案例，张某作为公司业务部门的经理，利用职位之便，在违背小美意愿的情形下，故意用手触碰小美的胸部，已侵犯了小美的人格权，系职场上典型的性骚扰行为。公司作为小美的用人单位，有义务受理小美的投诉，并对张某的性骚扰行为进行处置。在本案中，针对张某的性骚扰行为，公司已经以张某严重违反规章制度为由解除了与张某的劳动关系。尽管张某已经得到了惩罚，但仍需要提醒的是，在小美能够充分举证的情况下，其不仅有权依法要求张某赔礼道歉，而且有权要求张某承担实际给其造成的损失（包括但不限于医疗费用、误工费、护理费、交通费、律师费）及合理的精神损害抚慰金。

生活小贴士

受害者要明辨性骚扰的行为，在遇到性骚扰时，应具备防范意识，及时做好收集、固定证据的工作，及时寻找相关目击证人出具书面的证人证言，或留存物证、视听资料等来固定证据。与此同时，还需要做好保存受害者因遭受性骚扰而产生损害结果的有力证据，通过民事追责等方式来保障自身合法权益。

《民法典》明确机关、企业、学校等单位负有预防、防止性骚扰的义务，也就是说，受害者因遭受性骚扰而向性骚扰者进行民事追责的，如用人单位未履行前述义务，有可能会成为受害者一并民事追责的对象。

用人单位应及时建立防止、投诉和惩罚性骚扰的机制，在法律允许的情况下，完善规章制度，明确对性骚扰者予以一定的处分；及时对受害者的投诉进行调查，并注重保护受害者的隐私；及时向受害者反馈调查结果；完善对性骚扰者的处理机制等。

法律直通车

《中华人民共和国民法典》

第三条 民事主体的人身权利、财产权利以及其他合法权益受法律保护，任何组织或者个人不得侵犯。

第一百一十条 自然人享有生命权、身体权、健康权、姓名权、肖像权、名誉权、荣誉权、隐私权、婚姻自主权等权利。法人、非法人组织享有名称权、名誉权和荣誉权。

第九百九十条 人格权是民事主体享有的生命权、身体权、健康权、姓名权、名称权、肖像权、名誉权、荣誉权、隐私权等权利。

除前款规定的人格权外，自然人享有基于人身自由、人格尊严产生的其他人格权益。

第九百九十五条 人格权受到侵害的，受害人有权依照本法和其他法律的规定请求行为人承担民事责任。受害人的停止侵害、排除妨碍、消除危险、消除影响、恢复名誉、赔礼道歉请求权，不适用诉讼时效的规定。

第九百九十八条 认定行为人承担侵害除生命权、身体权和健康权外的人格权的民事责任，应当考虑行为人和受害人的职业、影响范围、过错程度，以及行为的目的、方式、后果等因素。

第一千零一十条 违背他人意愿，以言语、文字、图像、肢体行为等方式对他人实施性骚扰的，受害人有权依法请求行为人承担民事责任。

机关、企业、学校等单位应当采取合理的预防、受理投诉、调查处置等措施，防止和制止利用职权、从属关系等实施性骚扰。

《中华人民共和国妇女权益保障法》

第四十条 禁止对妇女实施性骚扰。受害妇女有权向单位和有关机关投诉。

第五十八条 违反本法规定，对妇女实施性骚扰或者家庭暴力，构成违反治安管理行为的，受害人可以提请公安机关对违法行为人依法给予行政处罚，也可以依法向人民法院提起民事诉讼。

4. 电话号码外泄，消费者的个人信息如何保护？

听到手机响，王小姐很自然地按下接听键：“喂，您好！”

“您好，我是保险公司的规划顾问……”

“不需要了。”

过了一会，电话再次响起，一接通那头便传来：“嘿，姐，地铁上盖学区房首付只要……”王小姐二话不说便掐断了通话。

不知怎么地，近来诸如此类的推销电话总是不分时候不断地响起，王小姐被骚扰得苦不堪言，气愤之下拨通了110报警电话。

报警之后王小姐才知道原来深受推销电话困扰的并不止她一个人。经过民警详细调查发现，原来是一个叫张甲的人利用自己在某快递公司工作的便利，私自登录公司运单系统查询公民个人信息并截图保存，继而将包括王小姐在内的许多群众的包括姓名、电话、地址等个人信息贩卖出去。一些公司便专门购买这些非法获取的信息用于开展电话推销业务，所以王小姐才会同时间不断收到许多不同公司的推销来电。

对于被泄露的个人信息和接不完的骚扰电话，真的没有解决办法了吗？

律师说法

自然人的个人信息，是指以电子或者其他方式记录的能够单独或者与其他信息结合从而可以识别自然人个人身份的各种信息，如姓名、出生日期、身份证件号码、个人生物识别信息、住址、电话号码等。我国法律高度重视对自然人个人信息的保护，不断完善保护个人信息的法律规定。目前，民法典、网络安全法、消费者权益保护法、商业银行法、社会保险法、居民身份证法、执业医师法、公共图书馆法等都对保护个人信息方面作了相关的规定。

日常生活中，许多民事主体在正常的生活或者经营中不可避免地会获取到许多他人的个人信息，如银行业、保险业、快递业经营者等，这就要求这些主体一方面在取得个人信息后，有义务采取技术措施和其他必要措施，确保信息安全，防止个人信息泄露、丢失。另一方面也要留意必须先得到法律授权或者个人信息主体同意，否则不能收集、使用、加工、传输个人信息，更加不得非法买卖、提供或者公开个人信息。违反法律关于个人信息保护的规定的，将可能承担民事赔偿责任、面临行政处罚甚至承担刑事责任。

生活小贴士

如果发现自己的个人信息被网络平台或其他商业机构非法收集或使用的，可以要求他们删除或者更正。

经营者除了要采取必要的措施对获取到的公民个人信息进行保密以外，还要加强对可能接触到这些信息的员工进行相应的普法宣传教育，防范企业管理风险。

法律直通车

《中华人民共和国民法典》

第一百一十一条 自然人的个人信息受法律保护。任何组织或者个人需要获取他人个人信息的，应当依法取得并确保信息安全，不得非法收集、使用、加工、传输他人个人信息，不得非法买卖、提供或者公开他人个人信息。

第一千零三十四条 自然人的个人信息受法律保护。

个人信息是以电子或者其他方式记录的能够单独或者与其他信息结合识别特定自然人的各种信息，包括自然人的姓名、出生日期、身份证件号码、生物识别信息、住址、电话号码、电子邮箱、健康信息、行踪信息等。

个人信息中的私密信息，适用有关隐私权的规定；没有规定的，适用有关个人信息保护的规定。

第一千零三十五条 处理个人信息的，应当遵循合法、正当、必要原则，不得过度处理，并符合下列条件：

（一）征得该自然人或者其监护人同意，但是法律、行政法规另有规定的除外；

（二）公开处理信息的规则；

（三）明示处理信息的目的、方式和范围；

（四）不违反法律、行政法规的规定和双方的约定。

个人信息的处理包括个人信息的收集、存储、使用、加工、传输、提供、公开等。

第一千零三十六条 处理个人信息，有下列情形之一的，行为人不承担民事责任：

（一）在该自然人或者其监护人同意的范围内合理实施的行为；

（二）合理处理该自然人自行公开的或者其他已经合法公开的信息，但是该自然人明确拒绝或者处理该信息侵害其重大利益的除外；

（三）为维护公共利益或者该自然人合法权益，合理实施的其他行为。

第一千零三十七条 自然人可以依法向信息处理者查阅或者复制其个人信息；发现信息有错误的，有权提出异议并请求及时采取更正等必要措施。

自然人发现信息处理者违反法律、行政法规的规定或者双方的约定处理其个人信息的，有权请求信息处理者及时删除。

第一千零三十八条 信息处理者不得泄露或者篡改其收集、存储的个人信息；未经自然人同意，不得向他人非法提供其个人信息，但是经过加工无法识别特定个人且不能复原的除外。信息处理者应当采取技术措施和其他必要措施，确保其收集、存储的个人信息安全，防止信息泄露、篡改、丢失；发生或者可能发生个人信息泄露、篡改、丢失的，应当及时采取补救措施，按照规定告知自然人并向有关主管部门报告。

第一千零三十九条 国家机关、承担行政职能的法定机构及其工作人员对于履行职责过程中知悉的自然人的隐私和个人信息，应当予以保密，不得泄露或者向他人非法提供。

5. 大数据时代，能对强制“刷脸”说不吗?

郭兵与妻子在杭州野生动物世界购买了双人年卡，并留存相关个人身份信息、拍摄照片及录入指纹。此后，动物园将入园系统从指纹识别升级为人脸识别，并通知郭兵“未注册人脸识别的用户将无法正常入园”“凭年卡及人脸扫描入园”等内容。

郭兵不愿意被强制“刷脸”，协商无果后将动物园告上法庭，希望确认动物园店堂告示、短信通知中关于指纹及人脸识别的内容无效。

经过一审，法院判令野生动物世界赔偿郭兵合同利益损失及交通费共计 1038 元；删除郭兵办理指纹年卡时提交的包括照片在内的面部特征信息。郭兵与野生动物世界均表示不服，分别向杭州中院提起上诉。

后经当地中级人民法院二审判决，在原判决的基础上增判野生动物世界删除郭兵办理指纹年卡时提交的指纹识别信息。

那么问题来了，在日常生活中，遭遇强制“刷脸”的我们应该如何维权呢?

律师说法

随着科技的进步和时代的快速发展，“刷脸”的地方越来越多，人脸识别支付、打卡考勤、游园认证……人脸识别作为新兴的身份认证手段，得到不少商家组织和机构单位的应用推广。一方面，人们的确享受了技术带来的便捷高效，节约了时间和人力成本；另一方面，人脸识别的泛滥也为用户面部信息泄露留下了安全隐患。2020 年 7 月，“人脸信息五毛钱一份在电商平台打包出售”被曝光，不少网络黑产从业者批量倒卖非法获取的人脸等身份信息，从事虚假注册、电信网络诈骗等违法犯罪活动。由于人脸与指纹、声纹一样都属于生物识别信息，具有较强的人格属性，一旦被泄露或非法使用将会导致个人的人身财产安全受到极大的危害，更应谨慎处理和严格保护。

根据《民法典》第 1035 条的规定，处理个人信息应当遵循合法、正当、必要原则，且不得过度。违反这些原则的，就可以拒绝。在日常民事行为中，对公民个人信息的收集和使用已经随处可见。本案中，野生动物世界准备将为办理年卡而收集的郭兵的照片用于入园人脸识别，这一使用行为超过了之前收集个人信息的目的，违反了目的限制原则。因此，二审法院判决删除郭兵的面部特征信息和指纹识别信息，是严格依照法律作出的判决，体现了法院严格适用现行法律关于个人信息保护规定的决心和能力，表现了重视生物识别信息等个人信息的态度。

在生活中如果不愿被要求强制刷脸，我们可以先判断被要求刷脸是否符合“合法、正当、必要”的原则，那怎么判断是合法、正当或必要的呢？我们可以从信息处理的目的、方式、范围，有无告知被采集的人以及是否客观无篡改等多方面进行综合判断。

生活小贴士

收集、处理未成年人人脸信息，须征得监护人的单独同意；商家必须在充分告知自己的前提下才能进行人脸信息采集，在未取得自己授权的情况下直接通过摄像头识别自己的面部按新规规定已经属于侵权。如果遇到自己不想刷脸的时候，可以要求对方提供其他方式供自己选择。

法律直通车

《中华人民共和国民法典》

第一千零三十四条 自然人的个人信息受法律保护。

个人信息是以电子或者其他方式记录的能够单独或者与其他信息结合识别特定自然人的各种信息，包括自然人的姓名、出生日期、身份证件号码、生物识别信息、住址、电话号码、电子邮箱、健康信息、行踪信息等。

个人信息中的私密信息，适用有关隐私权的规定；没有规定的，适用有关个人信息保护的规定。

第一千零三十五条 处理个人信息的，应当遵循合法、正当、必要原则，不得过度处理，并符合下列条件：

（一）征得该自然人或者其监护人同意，但是法律、行政法规另有规定的除外；

（二）公开处理信息的规则；

（三）明示处理信息的目的、方式和范围；

（四）不违反法律、行政法规的规定和双方的约定。

个人信息的处理包括个人信息的收集、存储、使用、加工、传输、提供、公开等。

《中华人民共和国网络安全法》

第四十一条 网络运营者收集、使用个人信息，应当遵循合法、正当、必要的原则，公开收集、使用规则，明示收集、使用信息的目的、方式和范围，并经被收集者同意。

网络运营者不得收集与其提供的服务无关的个人信息，不得违反法律、行政法规的规定和双方的约定收集、使用个人信息，并应当依照法律、行政法规的规定和与用户的约定，处理其保存的个人信息。

《中华人民共和国消费者权益保护法》

第二十九条　经营者收集、使用消费者个人信息，应当遵循合法、正当、必要的原则，明示收集、使用信息的目的、方式和范围，并经消费者同意。经营者收集、使用消费者个人信息，应当公开其收集、使用规则，不得违反法律、法规的规定和双方的约定收集、使用信息。

经营者及其工作人员对收集的消费者个人信息必须严格保密，不得泄露、出售或者非法向他人提供。经营者应当采取技术措施和其他必要措施，确保信息安全，防止消费者个人信息泄露、丢失。在发生或者可能发生信息泄露、丢失的情况时，应当立即采取补救措施。

经营者未经消费者同意或者请求，或者消费者明确表示拒绝的，不得向其发送商业性信息。

6. 超市保安强行搜身，消费者如何维权？

某日，璐璐到某超市闲逛将近一小时，未购买任何商品，走到超市门口准备离开时，保安以怀疑璐璐盗窃商品为由拦住了她，欲检查她随身携带的背包。璐璐心中略感不悦，但为了息事宁人便配合检查。后保安发现璐璐包中没有盗窃的商品，遂得寸进尺要求搜身，璐璐坚决不同意，与保安发生了激烈的争吵。

随后超市经理以二人当众争执妨碍超市的正常经营为由，将璐璐带进办公室，要求璐璐配合保安搜身，否则不能离开超市。在经理的指示下，保安无视璐璐强烈的反抗，强行搜查了璐璐的身体，璐璐备受侮辱，又急又气。

最终保安在没有发现任何异常后，才允许璐璐离开。回到家后，璐璐开始出现胸闷、头晕、心悸等症状，家人立即将璐璐送往医院治疗。经诊断，璐璐为受到刺激后抑郁症复发。出院后向超市索赔未果，璐璐将超市诉至法院，要求超市承担医疗费、误工费、护理费、交通费、精神损害抚慰金。

超市有权限制璐璐的人身自由并搜查吗？

律师说法

随着社会的发展进步，公众在精神层面对维护自身人格尊严的需求也越来越强烈。在《民法典》施行前，《民法总则》虽已明确规定公民的人身自由和人格尊严受法律保护，但与之相比，《民法典》新增第 1011 条关于保护行动自由、禁止非法搜身的规定，进一步保护公民人格尊严和行动自由等，这一新规有助于减少实践中发生的非法搜身、拘禁现象，充分彰显了人文关怀。

行为人违反这一新规的，受害者有权依法请求行为人承担停止侵害、赔偿损失、消除影响、恢复名誉、赔礼道歉等民事责任。根据情节严重程度，行为人还有可能被追究罚款、拘留等行政责任，甚至刑事责任。

根据《立法法》规定，只有法律授权的公安机关、检察机关、监察机关和国家安全机关等才享有限制人身自由、搜查的执法权。本案中，超市保安与经理不具备执法权，因此二人无权限制、剥夺璐璐的人身自由，也无权搜查璐璐的身体。超市保安和经理强行对璐璐的身体进行检查，实质上侵犯了璐璐的身体权和人格权。因超市保安与经理均是由超市雇用，二人在本案中的搜身行为属职务行为。在充分举证的情况下，璐璐有权依法要求超市赔礼道歉，并承担实际发生的医疗费用、误工费、护理费、交通费等损失及合理的精神损害抚慰金。

生活小贴士

法定的国家机关如公安机关、检察机关和人民法院等履行法定的程序后才有权对公民行使拘留权或搜查权。在不具备法定事由的情况下，商场保安、企业、事业单位等普通民事主体无权限制他人自由或搜查他人身体或财产。倘若不幸遭遇非法限制自由或非法搜查的，建议受害人立即拨打 110 报警，寻求警察帮助，通过合法的手段制止不法行为。

不幸遭遇非法限制自由或非法搜查而无法反抗时，受害人应当注意保存行为人实施侵害行为以及因此造成的损害结果的有力证据，事后寻求诉讼、刑事报案等法律途径保障自身合法权益。

法律直通车

《中华人民共和国民法典》

第一千零三条　自然人享有身体权。自然人的身体完整和行动自由受法律保护。任何组织或者个人不得侵害他人的身体权。

第一百零九条　自然人的人身自由、人格尊严受法律保护。

第九百九十条　人格权是民事主体享有的生命权、身体权、健康权、姓名权、名称权、肖像权、名誉权、荣誉权、隐私权等权利。

除前款规定的人格权外，自然人享有基于人身自由、人格尊严产生的其他人格权益。

第九百九十五条　人格权受到侵害的，受害人有权依照本法和其他法律的规定请求行为人承担民事责任。受害人的停止侵害、排除妨碍、消除危险、消除影响、恢复名誉、赔礼道歉请求权，不适用诉讼时效的规定。

第九百九十八条　认定行为人承担侵害除生命权、身体权和健康权外的人格权的民事责任，应当考虑行为人和受害人的职业、影响范围、过错程度，以及行为的目的、方式、后果等因素。

第一千零一十一条 以非法拘禁等方式剥夺、限制他人的行动自由，或者非法搜查他人身体的，受害人有权依法请求行为人承担民事责任。

7. 游戏装备被盗能要回吗？

小强是一名网络游戏玩家，自玩游戏以来积累了价值数十万元的游戏装备。某次小强在准备玩游戏时，发现自己的账号里价值数十万元的游戏装备不翼而飞。经过查看游戏账号登录记录，小强发现其账号多次被他人登录，显然是有人盗取了账号和密码后将游戏装备盗走。事情发生后，小强第一时间联系游戏公司客服，让其帮忙调查是何人盗走其游戏设备。但游戏公司客服以玩家资料属于个人隐私为由拒绝了小强的要求，小强只好报警，向警方寻求帮助。

警方经过侦查，很快将盗取小强游戏装备的小王抓获，小王到案后，对盗取小强游戏装备的行为供认不讳。小王交代，自己从初中开始就迷上了网络游戏，在玩游戏的过程中，掌握了一些盗号的诀窍，之后便通过各种手段登录他人的账号，盗取游戏装备。随后，小王将盗取的游戏装备退还给小强，而小王本人也因涉嫌刑事犯罪被警方采取了刑事强制措施。

游戏装备也是财物吗？盗取游戏装备和盗窃普通财物会受到一样的处理吗？

律师说法

网络游戏中使用的游戏装备凝聚了游戏玩家所投入的金钱与精力，具有价值性，与传统财产在本质上并无区别，一样可以被买卖、交换，甚至可以被当作遗产继承。不仅是游戏装备，微信公众号、微博账号等虚拟网络资源也越来越受到人们的重视。

为适应时代的发展，国家从法律层面上对虚拟财产保护作出了原则性的规定，明确将数据、网络虚拟财产纳入法律的保护范围，确定了数据和网络虚拟财产均是公民的个人财产，应当受到保护。《民法典》第127条规定："法律对数据、网络虚拟财产的保护有规定的，依照其规定。"此外，最高人民法院、国家发展与改革委共同发布《关于为新时代加快完善社会主义市场经济体制提供司法服务和保障的意见》，提出要加强对数字货币、网络虚拟财产、数据等新型权益的保护。

案例中被盗窃的游戏装备价值数十万元，这一虚拟财产不仅受《民法典》保护，也受《刑法》保护，法院可能会以盗窃罪追究小王的刑事责任。不过，《民法典》对数据和网络虚拟财产的保护规定是原则性的，未来国家将会继续完善相关的立法保护。

生活小贴士

游戏玩家等网络用户应加强安全意识，保护好自己的账号安全，切忌随意泄露账号信息，如有被盗号等造成损失的应当立即报警，寻求警方的帮助。此外，当自身合法权益受到侵害时，可以联系相关平台、经营单位协助取证，以追回损失。

法律直通车

《中华人民共和国民法典》

第一百二十七条 法律对数据、网络虚拟财产的保护有规定的，依照其规定。

《最高人民法院、国家发展和改革委员会〈关于为新时代加快完善社会主义市场经济体制提供司法服务和保障的意见〉》

二、加强产权司法保护，夯实市场经济有效运行的制度基础

6. 健全以公平公正为原则的产权保护制度。严格执行产权保护司法政策，全面依法平等保护各种所有制经济产权和合法权益，推动健全归属清晰、权责明确、保护严格、流转顺畅的现代产权制度。明确和统一裁判标准，准确界定产权关系，合理划定责任财产范围，重点解决国有资产流失，利用公权力侵害私有产权，违法查封、扣押、冻结民营企业财产等产权保护中的突出问题。严格区分经济纠纷与经济犯罪，依法慎用刑事强制措施，严格规范涉案财产的保全和处置措施，健全涉产权冤错案件有效防范和常态化纠错机制。坚持法定赔偿原则，加大涉产权冤错案件赔偿决定执行力度。完善和统一执行异议之诉、担保物权实现、破产债权清偿中的权利冲突解决规则。强化善意文明执行理念，严禁超标的查封、乱查封，建立健全查封财产融资偿债和自行处置机制，尽最大可能保持企业财产运营价值。加强对数字货币、网络虚拟财产、数据等新型权益的保护，充分发挥司法裁判对产权保护的价值引领作用。

《中华人民共和国网络安全法》

第四十四条 任何个人和组织不得窃取或者以其他非法方式获取个人信息，不得非法出售或者非法向他人提供个人信息。

8. 参加公司运动会受伤，可以要求赔偿吗？

2020年5月28日，是独兽兽科技公司一年一度举行公司运动会的日子。这天，刘军早早就来到了市体育馆开始热身，因为今天他要代表部门参加男子羽毛球双打比赛，这可是他最拿手的体育运动了。

比赛一转眼便来到了决胜局，比赛的气氛越发白热化。比分达到3∶1后，刘军站在发球线位置接到对方网前球后，将球回挑到对方中场，只见对方选手宋明迅速杀球进攻，说时迟，那时快，刘军直立举拍防守。谁知，刘军防守未果，被迎面而来的羽毛球击中了右眼，刘军的右眼立刻就充血看不见东西了。宋明见状，赶紧跟公司领导将刘军送到人民医院。

经医院诊断，刘军右眼虹膜根部被打断，晶体脱位。整个治疗过程刘军花费了8000元。这笔钱，刘军是不是可以让宋明或者公司承担呢？

律师说法

随着人们生活水平的提高，除传统运动项目外，生活中也出现了许多形式新颖，需要人们更大程度沉浸进去参与的文体活动。那么如果自愿参加了有一定危险性的文体或者探险活动后受伤，能否要求一同参加的人或者组织者赔偿呢？为了解决生活中不时出现的此类纠纷，《民法典》新增了“自甘风险”规则，对参加对抗性较强或者具有风险性的文体活动受伤后的责任承担作了相应规定。

适用《民法典》“自甘风险”条款需要把握以下几个方面：一是参加者必须意识到他所参加的活动具有一定风险，只是不确定风险是否必然出现。参加者本身既是潜在危险的制造者，也是潜在危险的承受者。例如足球、篮球会出现铲球、碰撞等可能造成骨折、韧带断裂等意外损伤。

二是参加者认识到风险后仍自愿参加。那么一般情况下，如果因为其他参加者的行为受伤的，除非是其他参加者故意为之或有重大过失才导致的伤害，否则不能要求其他参加者承担责任，这就是“自甘风险”的体现。而对于活动组织者，则主要考量他们是否尽到了安全保障义务。例如，除了一些已经为一般社会大众知晓的活动本身固有的危险因素，例如长跑可能晒伤、膝关节损伤等，有些需要组织者事先详细告知参与风险的，就需要考察组织者有没有尽到提醒义务以及其他的例如提供防护设施、后勤补给、救助措施等。

在上述案例中，刘军对打羽毛球通常有什么损伤、自己的竞技水平和身体情况是知晓的，且羽毛球这种典型的对抗性体育项目，除扭伤、拉伤等常规风险外，更为突出的风险还在于羽毛球自身体积小、密度大、移动速度快，运动员如果反应不及时即会被击中。作为多年参与羽毛球运动的爱好者，对于该项运动的特点及风险应是有所认知的，报名参加公司该比赛项目应视为自甘风险的行为。在此情况下，宋明只有存在故意或重大过失造成刘军受伤，才需承担侵权损害赔偿责任。根据《民法典》第1198条的规定，如果公司在组织活动时，没有尽到安全保障义务，刘军可以要求公司承担侵权责任。

生活小贴士

站在组织者的角度，组织有一定危险性的文体活动前，建议先设计好发生突发情况的预案，比如备好一定的救援物质或先联系好应援单位。

站在活动参与者的角度，希望活动组织者、场地运营方、管理方设置的安全保障尽可能高标准的要求，甚至于要求产生一定危险后仍可达到万无一失的效果，确是属于大众情理之中的期待。但事故风险大小、发生概率与预防风险的成本应成正比，我们的这种期待如果完全不考虑公共场所经营者的经营成本便会变成苛求。大家可通过学习心肺复苏术及海姆立克急救法（噎到急救）、学会使用急救设备（AED）、掌握伤口包扎方式方法等，以备不时之需。

法律直通车

《中华人民共和国民法典》

第一千一百七十六条 自愿参加具有一定风险的文体活动，因其他参加者的行为受到损害的，受害人不得请求其他参加者承担侵权责任；但是，其他参加者对损害的发生有故意或者重大过失的除外。

活动组织者的责任适用本法第一千一百九十八条至第一千二百零一条的规定。

第一千一百九十八条 宾馆、商场、银行、车站、机场、体育场馆、娱乐场所等经营场所、公共场所的经营者、管理者或者群众性活动的组织者，未尽到安全保障义务，造成他人损害的，应当承担侵权责任。

因第三人的行为造成他人损害的，由第三人承担侵权责任；经营者、管理者或者组织者未尽到安全保障义务的，承担相应的补充责任。经营者、管理者或者组织者承担补充责任后，可以向第三人追偿。

图书在版编目 (CIP) 数据

民法典新规则全知道 / 广东诺臣律师事务所编著
. —北京：中国法制出版社，2021.12
ISBN 978-7-5216-2275-1

Ⅰ. ①民… Ⅱ. ①广… Ⅲ. ①民法－法典－法律解释
－中国 Ⅳ. ① D923.05

中国版本图书馆 CIP 数据核字（2021）第 229507 号

责任编辑：王佩琳（wangpeilin@zgfzs.com） 封面设计：周黎明

民法典新规则全知道
MINFADIAN XIN GUIZE QUAN ZHIDAO

编著 / 广东诺臣律师事务所
经销 / 新华书店
印刷 / 三河市国英印务有限公司
开本 / 710 毫米 ×1000 毫米 16 开 印张 / 15.5 字数 / 192 千
版次 / 2021 年 12 月第 1 版 2021 年 12 月第 1 次印刷

中国法制出版社出版
书号 ISBN 978-7-5216-2275-1 定价：48.00 元

北京市西城区西便门西里甲 16 号西便门办公区
邮政编码：100053 传真：010-63141852
网址：http://www.zgfzs.com **编辑部电话：010-63141801**
市场营销部电话：010-63141612 **印务部电话：010-63141606**
（如有印装质量问题，请与本社印务部联系。）